TELGRAFTAN TABLETE

Türkiye'nin Beş Kuşağına Bakış

EVRİM KURAN

Mundi Kitap

Telgraftan Tablete: Türkiye'nin Beş Kuşağına Bakış, Evrim Kuran

1. basım: Destek Yayınları, 2018
Can Yayınları'nda 1. basım: Haziran 2022, İstanbul
Bu kitabın 1. baskısı 3 000 adet yapılmıştır.

Dizi editörü: Merin Sever
Editör: Önder Abay
Düzelti: Aylin Samancı Elmasdağ
Mizanpaj: Atahan Sıralar

Sanat yönetmeni: Utku Lomlu / Lom Creative (www.lom.com.tr)
Kapak tasarımı: Aslıhan Tanyas / Lom Creative (www.lom.com.tr)

Baskı ve cilt: Türkmenler Matbaacılık Reklam San. ve Tic. Ltd. Şti.
Maltepe Mah. Gümüşsuyu Cad. No: 16-18
Topkapı, İstanbul
Sertifika No: 43087

ISBN 978-625-7491-60-0

MUNDİ KİTAP
Maslak Mah. Eski Büyükdere Cad. İz Plaza Giz, No: 9/25 Sarıyer/İstanbul
Telefon: (0212) 252 56 75 / 252 59 88 / 252 59 89 Faks: (0212) 252 72 33
mundikitap.com
bilgi@mundikitap.com
Mundi Kitap, Can Sanat Yayınları Yapım ve Dağıtım Tic. ve San. A.Ş.'nin tescilli markasıdır.
Sertifika No: 43514

TELGRAFTAN TABLETE

Türkiye'nin Beş Kuşağına Bakış

EVRİM KURAN

SOSYOLOJİ

MUNDİ

Evrim Kuran'ın Can Yayınları'ndaki diğer kitapları:

Z Bir Kuşağı Anlamak, 2019

Onlar Göçtü Buradan, 2021

EVRİM KURAN, Hacettepe Üniversitesi'nde İngiliz Dili ve Edebiyatı ve Sabancı Üniversitesi'nde Executive MBA bölümlerinde öğrenim gördü. Harvard Business School'da Davranış Ekonomisi, İnovasyon, Tasarım Düşüncesi eğitimlerinin yanı sıra aynı okuldan Yönetimde Mükemmellik Sertifikası aldı. Evrim Kuran 2000 yılından bu yana kuşak araştırmaları, organizasyonel çekicilik çalışmaları yapıyor, tersine mentorluk programları tasarlıyor. Bankacılık, enerji, hızlı tüketim, ilaç, eğitim, otomotiv, perakende, teknoloji gibi çeşitli sektörlerde pek çok ulusal ve global markanın işveren markası danışmanlığını yapıyor ve işveren markası alanında dünyanın önde gelen araştırma ve danışmanlık şirketi Universum'un Türkiye liderliğini de sürdürüyor. Kuran, 2013 yılından bu yana bölgenin en kapsamlı işveren markası konferanslarından People Make the Brand'in yaratıcısı ve küratörü; ayrıca eğitim alanındaki bir sosyal girişim olan YetGen Koop kurucu üyesi, PERYÖN – Türkiye İnsan Yönetimi Derneği Gençlik Kurulları temsilcisi, Sabancı Üniversitesi Yönetim Bilimleri Fakültesi ve Yanındayız Derneği Danışma Kurulu üyesidir. Evrim Kuran'ın bu kitabının yanı sıra *Z: Bir Kuşağı Anlamak* ve Türkiye'nin yeni göç neslini incelediği *Onlar Göçtü Buradan* isimli kitapları da Mundi Kitap tarafından yayımlanmıştır. Kuran, halen çeşitli süreli yayınlarda yazıyor ve konferanslara konuşmacı olarak katılıyor.

Tutunmam için kökler veren
Emine ve Ali'ye,
Uçmam için kanatlar takan
Zeliha ve Mehmet'e...

İÇİNDEKİLER

TEŞEKKÜR 13
GÜNCELLENMİŞ BASKI İÇİN ÖNSÖZ 15
İLK BASKI İÇİN ÖNSÖZ: BİR KUŞAĞI ANLAMAK 19

BİRİNCİ BÖLÜM: KUŞAK DEDİKLERİ
Kuşakların Döngüselliği 23
Kuşak Arketipleri 27
Kuşak Çalışmalarında Doğu'dan Yükselen Işık: İbn Haldun 29
Demografik Devrim 31
Kuşak Karakteristikleri 37

İKİNCİ BÖLÜM: SESSİZ KUŞAK
Sessiz Kuşak Kimdir? 41
Bir Sessiz Kuşak Hikâyesi 42
Arkansas'ın Tezenesi 49
Sessiz Kuşaklarını Yitiren Kurumlar / Kurumsal Uzun Ömürlülük 51

ÜÇÜNCÜ BÖLÜM: BEBEK BOMBARDIMANI KUŞAĞI
Bebek Bombardımanı Kuşağı Kimdir? 55

Bir Bebek Bombardımanı Kuşağı Hikâyesi 57
Kurumlarda 50 Yaş Üstü Çalışanlar 63
BB Döneminden Fütüristik Bakış 65

DÖRDÜNCÜ BÖLÜM: X KUŞAĞI
X'e Bakmadan Önceki Adım: Depolitizasyonu Anlamak 71
X Kuşağı Kimdir? 75
İsmin Kaderindir... 78
Bir Kuşağın Unuttuğu Sözcükler 81
Toplum Tüftüfleri 84

BEŞİNCİ BÖLÜM: Y KUŞAĞI
Kimdir Bu Y'ler? 89
Nedir Bu Y Kuşağının Derdi? 92
Bir Kelebeğin Kanat Çırptığını Hayal Ediyorum 98
Yeni Nesli Ne Yapacağız? 101
Y Kuşağı Markalardan Ne İster? 105
Çıraktan Ustaya: Y Kuşağı ve Tersine Mentorluk 109
Y Kuşağı Liderliğinde Hikâyecilik 112
Yeni Nesil Çalışana Eski Nesil Ölçek 115

ALTINCI BÖLÜM: Z KUŞAĞI
Z Kuşağı – Oğlum Ali 121
Çocuklara Kıymayın Efendiler! 123
Z Kuşağına Hazır mıydık? 126
Z Kuşağı İçin Tersyüz Edilmiş Öğrenme 130
Çocuklarımızı İnciten Şeyler 132
Dürüstlük Kantini 135

TEŞEKKÜR

Bu benim ilk kitabım. Kolayca okumanızı ümit ettiğim bu sayfaları yazmam yıllar, şehirler, ülkeler, kilometreler aldı. Bu kitapta Türkiye'nin yaşayan beş kuşağını, pek çok alan araştırmasının yanı sıra kişisel hikâyelerim üzerinden anlatmaya çalıştım. Kuşak meselesine bir de buradan bakarsak ninelerimizi ve dedelerimizi anlayacağımızı, kızlarımızla ve oğullarımızla anlaşacağımızı düşündüm.

Çünkü sevmek anlamaktır.

Jean-Paul Sartre birisini sevmeye kalkışmayı, bir uçurumun üzerinden sıçramamız gereken âna benzetir. Düşünmeye kalkarsa atlayamaz insan. Bir kitap yazmanın da böyle olduğunu anladım. On yıldan fazladır kuşak araştırmaları yapan, bu alanda makaleler, raporlar yazan, konferanslarda konuşan biri olarak kitap yazmak deneyiminden hep korktum. Yıllarca bu alanda Türkçe bir kaynak olmamasından yakınan pek çok insanla tanıştım ve kitap yazmanın gerekliliğine şahsen de inandım. Ancak harekete geçemedim. Çünkü kitap yazmak da bir uçurumun üzerinden sıçramanın gerektiği an gibiymiş meğer...

Bu sebeple ilk teşekkürüm beni o uçurumun kenarına getiren ama orada asla yalnız bırakmayan, bu kitabın oluşum ve gelişim süreçlerinin tamamında yanımda olan sevgili dostum Önder Abay'a. Kitabın içerik tasarımı aşamasında saatler süren beyin fırtınalarında, genç yaşına sığdırdığı müthiş entelektüel birikimiyle üretim sürecime yadsınamaz katkısı olan Zihni Başsaray da teşekkür etmeden geçemeyeceklerimden.

Teşekkür etmek önemlidir. Bu yüzden oğlum Ali'ye en çok müteşekkir olmayı öğretmek istedim. Öyle de oldu sanıyorum. Bu kitaba konu olan tutkumun peşinde koşarken ondan çaldığım zamanları mesele etmeyen ve yazı masamda beni her gördüğünde, "Bir şeye ihtiyacın var mı?" diye soran oğlum Ali'ye yaşamın ne denli harikulade olduğunu gösterdiği için; büyükbabam halk ozanı Ali Gürbüz'e söze ve müziğe olan aşkı genlerime aktardığı için; 40'ından sonra okuma yazma öğrenen tanıdığım en iyi işkadını anneannem Emine Gürbüz'e sonsuza kadar rehberim olduğu için; babam Mehmet Aksoy'a, annem Zeliha Aksoy'a, kardeşim Erinç Aksoy'a koşulsuz sevgilerinden aldığım tarifsiz kuvvet için; Halil Cibran'a, Nâzım Hikmet'e, Ahmed Arif'e, Cemal Süreya'ya şifalı sözcükleri için; yeryüzünün tüm âşıklarına ve tüm deyişlerine cennet-i âlâyı gösterdikleri için teşekkür ederim.

Siz olmasaydınız yazamazdım.

GÜNCELLENMİŞ BASKI İÇİN ÖNSÖZ

Halil Cibran der ki, "Sarıldığınız bir işin aracılığıyla hayatı sevmek, onun içinin derinliklerinde sakladığı gizeme yakınlaşabilmenizi sağlar. Sevgiyle dolu olarak çalışırsanız, ilkin kendinize, sonra birbirinize, sonra da Tanrı'ya bağlanmış olursunuz. Sevgiyle dolu olarak çalışmak nedir? Dokuduğunuz kumaşı, sanki yalnız en sevdiğiniz kimse giyecekmişçesine yüreğinizden çektiğiniz ipliklerle dokuyabilmek, kurduğunuz yapıyı, sanki içinde yalnız en sevdiğiniz oturacakmışçasına özenle ve sevgiyle kurabilmek, serptiğiniz tohumları ve onun ürünlerini, sanki yalnız en sevdiğiniz yiyecekmişçesine sevgiyle ekip biçebilmek, bütün yaptıklarınıza kendi canınızdan yükselen bir soluk katabilmek..."

Yirmi yıldır –yani bir kuşaktır– kuşaklar üzerine çalışıyorum. Sarıldığım bu iş aracılığıyla hayatı sevdim, yüreğimden çektiğim ipliklerle bu işi dokudum, canımdan yükselen bir soluk katabilmek için çok çalıştım. Araştırdım, dinledim, konuştum, anlattım. Bir gün Önder Abay'la tanıştım. Kuşak merakım ona da bulaştı. "Bunları daha çok insan duymalı, Türkiye kuşaklarını tanımalı," dedi. *Bavul* dergisinde genel yayın yönetmenim ve hayatta dostum olması kimliklerine bir de bu ve bundan sonraki kitaplarımın editörlüğü eklendi.

İki yıllık bir çalışmanın ardından 2018'in Mayıs'ında *Telgraftan Tablete* en çok elinde görmek istediğim kişiye, bu kitaba sebep tutkumun peşinden koşarken en çok zamanından çaldığım kişiye, Ali'ye ulaştı. "Annem, bir çırpıda okunur bir kitap yazmışsın," dedi; amacım buydu, yüreğime sular serpildi. Ona ve kuşağına daha yaşanır bir ülke ve dünya bırakabilmek için, buraya nereden geldiğimize hep birlikte bakmamız gerekiyor diye yazdım. Yeni kuşaklara hem kökler hem kanatlar verelim diye yazdım.

Telgraftan Tablete benim ilk kitabım. Güncellenmiş baskısı için yeni bir önsöz yazmam gerektiğinde çok düşündüm. 2018 yılında yapılan ilk baskının ardından dört yıl geçti. Eski kitabıma yeni bir söz söylemek üzere masaya oturduğumda son dört yıl gözlerimin önünden film şeridi gibi geçti. Şu kısacık dört yılda ne de çok şey değişti. Her şeyden önce, bu ilk kitabın alt başlığından da anlaşılacağı üzere, kitabı ilk kaleme aldığımda 5 kuşaklı olan ülkemiz ve dünyamız artık tarihte ilk kez 6 kuşağa birden ev sahipliği yapıyor.

Bu kitabın ilk baskısını elime aldığımdan beri Türkiye nüfusuna 3,9 milyon kişi daha eklendi ve ülkemiz biraz daha yaşlandı. 2018 yılında 32 olan ortalama yaşımız 2021 yılında 33,1'e çıktı. Nüfusun yaş ve cinsiyet yapısında meydana gelen değişimi gösteren grafikler olarak tanımlanan nüfus piramitlerinde yapısal değişim devam etti. Değişen sadece nüfus piramitleri de olmadı; son dört yılda ulusal ve küresel meydan okuyuşlar da biçim değiştirdi.

2018-2022 dönemi Türkiye'nin her bir vatandaşını ciddi anlamda etkileyen döviz ve borç kriziyle tarihe damgasını vurdu. Türk lirasının değer kaybı, ortalama her Türk vatandaşının sözlüğünde enflasyon, stagflasyon, konkordato sözcüklerini olağanlaştırdı. 24 Haziran 2018'de Cumhurbaşkanlığı ve 27. Dönem Milletvekilliği Seçimleri tamamlandı. Temmuzda ise Cumhurbaşkanlığı Hükümet Sistemi resmen başladı. Aynı günlerde Kapıkule'den İstanbul'a doğru hareket eden yolcu treni Çorlu yakınlarından geçerken yağış nedeniyle rayların altındaki toprak menfezin kayması sonucu trenin beş vagonu devrildi ve kazada 25 kişi öldü, 124 kişi yaralandı. Bu satırları yazdığım günlerde Tekirdağ Çorlu'da 2018'de yaşanan tren kazasında yakınlarını kaybeden yurttaşların adalet arayışı sürüyor.

31 Mart 2019'da ülke genelinde yerel seçimler gerçekleşti. Başta İstanbul ve Ankara olmak üzere Adana, Mersin, Antalya gibi büyükşehirlerde CHP, yönetimi AKP'den devraldı. Mayıs ayına geldiğimizde Yüksek Seçim Kurulu, İstanbul yerel seçimlerini 7'ye karşı 4 oyla iptal etmişti. Bir sonraki seçim 23 Haziran'da gerçekleşti ve Ekrem İmamoğlu belediye başkanı seçildi. 2019, Atatürk Havalimanı'na veda ettiğimiz bir yıl oldu; İstanbul'un yeni havalimanı 29 Ekim'de Cumhurbaşkanı Recep Tayyip Erdoğan tarafından törenle açıldı. Aynı yıl, sadece yeni havalimanı değil, millet bahçeleri de törenlerle açıldı.

2019 Aralık'ında ilk olarak Çin'in Wuhan bölgesinde görülen bir virüsün tüm dünyada her bir bireyin yaşam biçimini dramatik biçimde değiştireceğinin henüz farkında değildik. Dünya Sağlık Örgütü (WHO) tarafından resmî adı SARS-CoV-2 (Şiddetli Akut Solunum Sendromu-Koronavirus-2) olarak belirlenen virüsün neden olduğu hastalığı tanımlamak için COVID-19 terimi kullanılmaya başlandı. 11 Mart 2020 tarihinde ise virüs pandemi, yani küresel salgın hastalık olarak ilan edildi. Bu satırları yazdığım günlerde COVID-19 nedeniyle yaşanan ölümlerin sayısı dünyada 6 milyonu, Türkiye'de ise 95 bini geçmişti. COVID-19 pandemisi 1929'da yaşanan Büyük Buhran'dan sonra en büyük ekonomik durgunluğa yol açan faktör oldu.

2020 sadece pandemi değil, dünya siyasetindeki köklü değişikliklerle de iz bıraktı. Birleşik Krallık Avrupa Birliği'nden ayrıldı. ABD'de 59. başkanlık seçimlerini Trump'a karşı Demokrat aday Joe Biden kazandı. Değişimin rüzgârı 2021'de de esti. Almanya'da 16 yıllık Angela Merkel dönemi sona erdi.

2021 ülkemizde Melih Bulu'nun rektör olarak atanması üzerine Boğaziçi Üniversitesi protestolarıyla başladı. İklim krizi ve sebep olduğu doğal afetler Türkiye'de ve dünyada artarak devam etti. Yurdun 49 farklı yerinde 299 orman yangını meydana geldi; yüz binlerce hektar alan kül olurken sekiz kişi yaşamını yitirdi ve binlerce hayvan can verdi. Yangınlara sel baskınları eklendi. Batı Karadeniz'de sel 82 can aldı.

Yeni baskı için yazdığım bu önsözde, sadece dört yılda hayatlarımızı etkileyen ulusal ve küresel etkileri hatırlatmak istedim. Bunları hatırlatırken kişisel zorlanışları da anımsamadım değil. Son dört yıl bizi yıkmadıysa, sanıyorum ki güçlendirmiştir. Dört yıldır karşılaştığımız bireysel, ulusal ve küresel meydan okuyuşlar dilerim bir yaratıcı yıkımın habercisidir.

ABD'nin kurucu babalarından John Adams, bağımsızlık savaşı sırasında karısına bir mektup yazar ve şöyle der: "Ben savaş ve siyasetle uğraşmalıyım ki, çocuklarım matematikle, felsefeyle, denizcilikle, tarımla uğraşabilsinler. Bunlarla uğraşsınlar ki, onların da çocukları resimle, şiirle, müzikle, mimariyle uğraşabilsin."

Çocukları felsefeyle, bilimle, tarımla, edebiyatla, müzikle uğraşabilen bir Türkiye hayaliyle...

İLK BASKI İÇİN ÖNSÖZ: BİR KUŞAĞI ANLAMAK

"Bir kuşağın diktiği ağacın gölgesinde öteki kuşaklar serinler."

Çin atasözü

2000'lerin başı... Bir yandan yüksek lisans yapıyor, bir yandan da bir üniversitede okutman olarak çalışıyorum. Ben de gencim, evet, ama öğrencilerim daha da genç... Ve kesin olarak farklılar. Merak ediyorum, işe girdiklerinde nasıl olacak kurumsal iklim? Kim kimi dönüştürecek? İşte o zaman karar veriyorum ve Y kuşağının organizasyonel çekicilik parametrelerini çalışmaya başlıyorum. O yıllarda kuşak konusu bugünkü kadar popüler değil elbette. "Kuşak mı, o da ne?" diyenlerin yanı sıra kimi akademisyenler, danışmanlar, bazı akıl hocaları tarafından "Bırak bu işleri" diye çıktığım yoldan döndürülmeye çalışıldığım dahi oluyor. Bırakmıyorum.

Çalıştıkça görüyorum ki jenerasyonel sistem müthiş bir mozaik. İçinde sosyoloji, antropoloji, psikoloji, ekonomi bilimlerinden parçalar barındıran harikulade bir araç. Geçmişi anlama, geleceği öngörme aracı. Jenerasyon çalışmanın insanı getirdiği en şahane düzlem nedir diye soracak olursanız tereddütsüz şöyle söylerim:

Bir kuşağı anlamak, bir dönemi anlamaktır. Bir dönemi anladığınızda ise paradigmanın kıskacına sıkışmaktan kurtulursunuz ve sizin gibi olmayanları kendinize ait yargılarla değil, onlara ait gerçeklerle görmeniz mümkün olur. Bu mümkün olduğunda ise dönüşürsünüz. İşte ya da evde... Bir şirket olarak ya da bir birey olarak...

Türkiye Cumhuriyeti'nin 95 yıllık varoluşu, jenerasyonel sistem döngüsüne belirgin biçimde oturuyor. 95 yıllık Cumhuriyet, an itibarıyla beşinci nesli olan Z kuşağını yetiştiriyor. Bugün üç kuşaklı şirketlerimiz var ve BB (1945-1964), X (1965-1979) ve Y (1980-1999) kuşaklarından oluşan organizasyonel iklimde, bir yandan kural+sonuç+süreç kodlarını tek potada eriterek ortak bir dil yaratmaya çalışıyor, bir yandan da 2000'den sonra doğan çocuklarımızı, Z kuşağını yaşama hazırlıyoruz. Mozaiğe her adımda yeni bir renk ve yeni bir doku daha ekleniyor.

Yeni yüzyılın iş dünyasına baktığımızda, kuşkusuz ki insan faktörü her geçen gün artan biçimde en önemli rekabet avantajı olarak ortaya çıkıyor. Ürünlerin, hizmetlerin ve bu ürün/hizmetlere dair kanal ve stratejilerin hızla birbirine benzediği bu "kopyala-yapıştır" dünyada, "yetenek" en temel varlık olarak kendini gösteriyor. Jenerasyonel sistemleri anlamak da, işte bu noktada, şirkete güçlü bir kas daha ekliyor. Jenerasyonları anlamak, organizasyonel sistemdeki mücadele alanlarınızı birdenbire yok etmiyor tabii, ancak belli başlı davranış kalıplarını analiz etme ve anlamlandırmada güçlü bir "lens" rolü görüyor. Bu sebeple de kuşak segmentasyonu iç ve dış müşteri örüntüsünün, karar alma ve ikna motiflerinin genel bir haritasını çıkarabilecek gücü olan bir araç rolü görüyor.

Benim için bir kuşağı anlamak suya atılan taş gibi; etkisi dalga dalga büyüyerek yaşama, geçmişe ve geleceğe dair müthiş bir kavrayış sağlıyor; hoşgörü sınırlarımı genişletiyor; zamanın ruhuna yaklaştırıyor ve her adımda, yargılayan değil öğrenen olmaya yönlendiriyor. Çünkü bir Çin atasözünde de söylendiği gibi: "Bir kuşağın diktiği ağacın gölgesinde öteki kuşaklar serinler."

BİRİNCİ BÖLÜM

KUŞAK DEDİKLERİ

KUŞAKLARIN DÖNGÜSELLİĞİ

"Her şey birbirine bağlıdır."
Cloud Atlas filminden

David Mitchell'in aynı isimli romanından Wachowski kardeşler ve Tom Tykwer'ın işbirliğiyle sinemaya uyarlanmış, farklı zaman dilimlerinde geçen altı farklı hikâyeyi aynı kurguda birleştiren bir film *Cloud Atlas* [Bulut Atlası]. Döngüsel olarak kendini tekrarlayan insanlık tarihini enfes bir dille anlatan film bize şunu söylüyor: "Yaşamlarımız sadece bize ait değil, başkalarına bağlıyız. Geçmişte ve şu anda, işlediğimiz her suçta ve yaptığımız her iyilikte geleceğimizi yeniden kuruyoruz."

Strauss ve Howe, jenerasyonel döngüleri fazlara ayırırken geçen yüzyılın en önemli sosyologlarından Talcott Parsons'tan ilham alırlar. Parsons'a göre, ne zaman sosyal düzen ihtiyacı artsa veya azalsa toplum yeni bir faza girer. Bu bakış açısı ile kuşaklar, aşağıdaki fazlarda birbirini takip eden dönemlerin ürünüdürler.

Birinci döngü – Yükseliş: Bu döngüde sosyal düzenin mevcudiyeti de, ona dair talep de yüksektir. "Kâhin" arketipi doğar. Kurumlar güçlü, bireysellik zayıftır. Toplum ulaşmak istediği yere kolektif olarak gitmekte kararlıdır. Kurumlara güven vardır.

İkinci döngü – Uyanış: Bu döngüde sosyal düzenin mevcudiyeti kuvvetlidir, ancak düzene dair talep düşüktür. "Göçebe" arketipi doğar. Özerklik artar. Kurumlar eleştirilmeye başlanır; bireysellik güçlenir.

Üçüncü döngü – Çözülme: Bu döngüde sosyal düzenin mevcudiyeti de ona dair talep de zayıftır. "Kahraman" arketipi doğar. Kurumlara inanç zayıflar, toplumsal kargaşa yayılır.

Dördüncü döngü – Kriz: Bu döngüde sosyal düzenin mevcudiyeti zayıftır, ancak düzene dair talep artar. "Sanatçı" arketipi doğar. Yurttaşlık bilinci canlanır. Toplumsal amaç ifade alanı bulmaya başlar.

Bir başka deyişle, kuşak döngülerini tarihsel mevsimlere benzetmek mümkün. Bir uçta kış var, ki buna "kriz" döngüsü diyelim. Bu döngüde toplum, kurumları ve halkın davranışlarını yeniden düzenlemeye odaklı; yani odak dışsal. Kuşakların kışında, toplumsal bir konsensus gerekiyor. Diğer uçta yaz var, ki buna da "uyanış" döngüsü diyelim. Bu döngü yenilenme döngüsü, toplum bireysel değerlere ve kişiye özel davranışlara odaklı. Yani odak içsel. Kuşakların yazında, bireysel etik ortaya çıkıyor. Kriz ve uyanış arasında ise geçiş mevsimleri var: ilkbahar ve güz.

Strauss ve Howe, jenerasyonel döngüde kuşakları arketiplerine, akran kişiliklerine (*peer personality*) ve sosyal olaylara karşı tutumlarına göre kategorize ediyor.

Arketip yaklaşımına göre kuşaklar, yaşadıkları dönemde onlara verilen kısaltma isimler ne olursa olsun, döngüsellik teorisinde Kâhin (*Prophet*), Göçebe (*Nomad*), Kahraman (*Hero*) ve Sanatçı (*Artist*) sıralamasıyla hayata geliyor.

Akran kişilikleri teorisine göre, her arketipin sembolize ettiği belirgin bir akran kişiliği de var. Kâhinler "idealist", Göçebeler "reaktif", Kahramanlar "medeni", Sanatçılar ise "uyumlu" olarak tanımlanıyor.

Kuşaklar, dönemin gerçekliklerine karşı tutumlarına göre ise ikiye ayrılıyor; dominant (baskın) kuşaklar ve resesif (çekinik) kuşaklar. Bunlar dönüşümlü olarak dünyaya geliyor. Sebebi çok açık: Kuşak geçişlerini sosyal yaşamdaki gelişimlere veya savaş gibi ani değişimlere verdiğimiz tepkiler belirliyor. Yani tarih kuşakları, kuşaklar da tarihi şekillendiriyor. Yaşam ve zaman arasındaki bu simbiyotik ilişki (yani birlikte varoluş), neden birinin mevsimsel olmasının diğerinin de öyle olmasını gerektirdiğini açıklıyor.

Ortalama 20 yıldan oluşan her kuşak dönemi, yaşamın fazları kadar uzun. Strauss ve Howe, bu fazları aşağıdaki şekilde dörde ayırıyor.

Yaşlılık: 66 yaş ve sonrasını kapsayan bu döneme "hizmetkârlık" dönemi de deniyor. Mentorluk yaptığımız ve donanımımızı ardıl kuşağa geçirdiğimiz, değerlerimizi aktardığımız dönem.

Orta yaş: 44-65 yaş arası bu döneme "liderlik" dönemi de deniyor. Yönettiğimiz ve öğrettiğimiz, değerlerimizi kullandığımız dönem.

Genç erişkinlik: 22-43 yaş arası bu döneme "eylem" dönemi de deniyor. Çalıştığımız ve aktif yaşama katıldığımız, değerlerimizin test edildiği dönem.

Gençlik: 0-21 yaş arası bu döneme "bağımlılık" dönemi de deniyor. Büyüdüğümüz ve öğrendiğimiz, değerlerimizi edindiğimiz dönem.

Tıpkı bu fazlar gibi, her kuşak dönemi de ortalama 20 yıldan oluşuyor. Her ne kadar kimileri teknolojideki hızlı değişimin kuşak dönemlerini kısalttığını iddia etse de, bu pek mümkün değil. Çünkü yaşam insanlardan oluşuyor ve insan ömrü öngörülebilir bir kronolojiye sahip. Teknolojiye ait öngörülebilir bir kronolojiden bahsetmek ise en azından şimdilik mümkün değil ve bu sebeple kuşak değişimlerinde baz teşkil edemiyor.

Her kuşak döneminin ortak bir sosyal mizacı var. Bu mizaç liderlik stillerini de kaçınılmaz biçimde etkiliyor.

Her kuşak bir sonraki kuşağa belirgin bir sosyal miras bırakıyor. Bu miras, o kuşağın ana donanımı.

Bu modeli Türkiye'nin son dört kuşağı üzerinden incelersek karşımıza şöyle bir tablo çıkıyor:

	BB KUŞAĞI	X KUŞAĞI	Y KUŞAĞI	Z KUŞAĞI
DÖNGÜ	Yükseliş	Uyanış	Çözülme	Kriz
ARKETİP	Kâhin	Göçebe	Kahraman	Sanatçı
AKRAN KİŞİLİK	İdealist	Reaktif	Medeni	Uyumlu
TUTUM	Dominant	Resesif	Dominant	Resesif
LİDERLİK STİLİ	Doğrucu, katı	Pragmatik, tedbirli	Coşkulu, arkadaşça	Sürece odaklı, çoğulcu
ANA DONANIMI	İlkeler, eğitim	Özgürlük, hayatta kalma	Topluluk, teknoloji	Çoğulculuk, sosyal adalet

KUŞAK ARKETİPLERİ

"İnsanlığın ayrı ayrı bölümleri arasında kültürel farklılıklar olsa da, insan zihninin her yerde bir ve aynı olduğu ve aynı yetilere sahip bulunduğu belki de antropolojik araştırmaların birçok sonucundan biridir."

Mit ve Anlam, Claude Levi-Strauss

Klasik ya da çağdaş anlatıların en önemli unsurlarından olan arketip kavramı, kuşak çalışmalarının da özünde kıymetli bir yere sahiptir. Arketipler, yaygın şekilde ilişkili olmaya eğilim gösteren sembollerdir. Arketip kavramını psikoloji bilimine kazandıran ve analitik psikolojinin babası olarak bilinen Carl Jung, bu arketiplerin, ortak bilinçdışının sonucu olduğuna inanır. Jung'a göre ortak bilinçdışı, atalarımızın müşterek deneyimlerinin bir ürünüdür. Ona göre arketipler evrenseldir ve kuşaklar tarafından tekrar tekrar karşılaşılan yaşantılara tepki verilmesiyle oluşur.

Strauss ve Howe da kuşakların döngüselliğini tanımlarken arketiplerden faydalanmışlardır. Ardı sıra gelen dört kuşağın Kâhin (*Prophet*), Göçebe (*Nomad*), Kahraman (*Hero*) ve Sanatçı (*Artist*) diye dört arketiple tanımlanmasının sebebi, her kuşağın üyelerinin bireysel ve sosyal varoluşlarında benzer tarihi paylaşımların getirdiği benzer tavırları taşımalarıdır.

Tarihte döngüsellikten bahseden ilk araştırmacılar Strauss ve Howe değildir. Döngüsel tarih anlayışı, kökenleri eski uygarlıkların ortaya çıkışını da kapsayan, tarihin döngüsel bir yapıda tekrar eden bir süreç olduğunun ileri sürüldüğü bir düşünce temeline dayanır. Bu tarih anlayışında belirli toplumsal olayların belirli aralıklarla ortaya çıkması, bu olaylar arasında zorunlu ilişkiler olduğunun göstergesi olarak ele alınır, böylece oluşturulan bilme durumları sayesinde sınıflandırma yapılabilir.

Tarihin döngüsel bir süreç olduğu fikrine ise ilk olarak MÖ 2000 yıllarında Mezopotamya'da rastlanır. Antikçağ'da Platon ve Aristoteles, Helenistik dönemde Romalı filozof Polybius, Ortaçağ'da Origenes, 14. yüzyılda İbn Haldun, 18. yüzyılda Giambattista Vico, 19. yüzyılda Oswald Spengler, 20. yüzyılda Arnold J. Toynbee döngüsel tarih anlayışını savunan önemli tarih filozoflarındandır.

Arketipik döngülerin oluşmasının en temel mantığı şudur: Her yeni nesil, hayatın iktidarında olan orta yaşlı nesilde gördüklerini düzeltmeye ya da telafi etmeye çalışır. Arketipler, kendilerine benzer olan arketipler yaratmazlar; tam tersini yaparlar. Ait olduğunuz nesil, size şekil veren neslin bir benzeri değildir, size şekil veren nesle şekil veren neslin bir benzeridir.

KUŞAK ÇALIŞMALARINDA DOĞU'DAN YÜKSELEN IŞIK: İBN HALDUN

"Geçmişler geleceğe, suyun suya benzemesinden daha çok benzer."

Mukaddime, İbn Haldun

Batılı sosyologlar olan Strauss ve Howe çalışmalarında sıklıkla Doğulu bir ilim insanına referans verirler: İbn Haldun.

"Sosyal bilimlerin babası" olarak kabul edilen İbn Haldun, tekamül nazariyesine dayalı olarak kurduğu tarih felsefesinde cemiyet ve devletleri tıpkı canlılar gibi doğup, büyüyüp ölen varlıklar olarak düşünür; bunların birbirini takip ettiğini öne süren bu teorisiyle de pek çok Batılı araştırmacıya ilham kaynağı olmuştur.

1332-1406 yılları arasında Tunus, Fas ve Mısır'da yaşayan, modern tarihyazımının, sosyolojinin ve iktisatın öncülerinden kabul edilen İbn Haldun, kuşak çalışmalarına ilham veren eseri *Mukaddime*'de, tarihin yol göstericiliği ile sosyal, siyasal ve ekonomik yapıları ampirik bir yöntemle inceleyerek bazı çıkarımlara ulaşmıştır.

İbn Haldun'a göre, sosyolojik araştırmalarda sağlıklı sonuçlara varabilmek için tarih bilmek bir zorunluluktur. *Mukaddime*'nin "Ümran İlmi" başlıklı bölümünde sosyolojik görüşleri yer alan İbn Haldun'a göre "ümran ilmi", toplumun ve devletlerin ortaya çıkışlarının, toplumların tarihî seyir içerisinde geçirdikleri evrelerin, en küçük toplumsal birime varıncaya kadar tüm sosyal yapıların çeşitli yönleriyle ele alınıp incelendiği bir bilimdir. İbn Haldun, bu ilmin devletler ve uluslar için gerekli olduğunu, zira ancak bu sayede devletlerin doğuşları, gelişimleri, yıkılışları ve buhranlarının öğrenilebilir olduğunu düşünür.

Benim İbn Haldun ve Batılı tarihçilerin tarih felsefesinin elkitabı olarak tanımladıkları eseri *Mukaddime*'yle tanışmam da kuşak çalışmalarına olan ilgimin başladığı yıllara denk düşüyor. Bana kalırsa, İbn Haldun'u tanımadan kuşaklara dair bakışımız popüler söylemler olarak kalır. Facebook'un kurucusu Mark Zuckerberg'in *Mukaddime*'yi 2015 yılında okuduğu "en etkileyici beş kitaptan biri" olarak tanımlaması ve tavsiye etmesi boşuna değildi; tıpkı İngiliz tarihçi Toynbee'nin, "*Mukaddime*'deki tarih felsefesi, nev'inin en büyük eseri. Şimdiye kadar, hiçbir ülkede, hiçbir çağda, hiçbir insan zekâsı böyle bir eser ortaya koyamamıştır," demesinin boşuna olmadığı gibi...

DEMOGRAFİK DEVRİM

"Benim kuşağım (1970'lerde doğanlar) önceki kuşaktan iki şekilde farklılaşıyor: Daha az doğuruyoruz ve daha çok yaşıyoruz."

Wolfgang Fengler

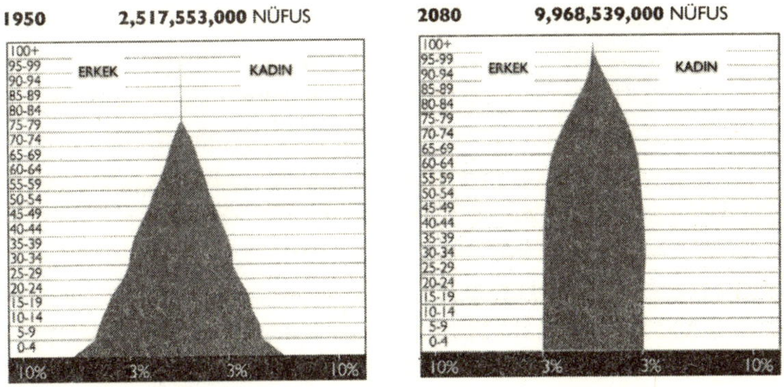

Kaynak: United Nations, Department of Economic and Social Affairs, Population Division, *Population Prospects*, 2021.

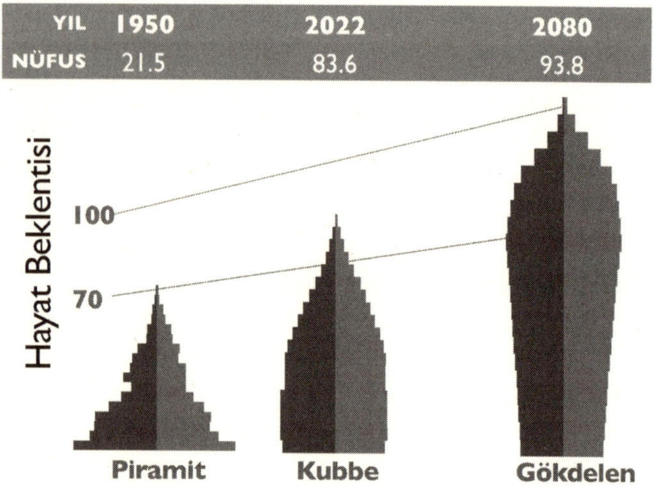

Kaynak: United Nations, Department of Economic and Social Affairs, Population Division, *Population Prospects*, 2021.

Demografi çalışmalarında alışılagelmiş nüfus piramidinin şekli değişeli çok oldu. Bugün dünyanın demografik yapısı kubbe şeklinde. Gelecek 50-100 yıl içinde ise gökdelen halini alacak.

Tahminlere göre, dünya nüfusuna her yıl net 80 milyon insan ekleniyor. O halde piramidin şekli sadece tabanda yanlara doğru genişlemeli, değil mi? Şeklin neden kubbeleştiğiyle ilgili sorunun yanıtını Dünya Bankası ekonomisti Wolfgang Fengler şu şekilde veriyor: "Bugünün hızlı nüfus artışı yüksek doğurganlıkla değil, uzun ömürle alakalı. Yani dünyada çok daha fazla yetişkin insan var. Bu sebeple düşen doğurganlıkla hızlı nüfus artışını aynı anda yaşamaktayız."

Daha iyi tıbbi hizmetler ve artan yaşam beklentisi nüfus piramidinin üst barlarını genişletti. Öte yandan, 0-30 yaş arasını yansıtan alt barlarda çok az genişleme oldu. İşte bu sayede, piramit kubbeleşti.

Fengler'in hesaplarına göre 2050 yılına eriştiğimizde, dünyada bugünküne kıyasla fazladan 2,2 milyar insan daha olacak ve toplam nüfus 9,5 milyara ulaşacak. Bakın, artış farklı yaş gruplarında ne şekilde gerçekleşecek:

Çocuklar ve gençler (0-19 yaş): Yüzde 8'lik artış ile 2,5 milyardan 2,7 milyara erişecekler.

Genç yetişkinler (20-39 yaş): Yüzde 14'lük artış ile 2,2 milyardan 2,6 milyara erişecekler.

Yeni "orta yaş" (40-59 yaş): Yüzde 38'lik artış ile 1,7 milyardan 2,2 milyara erişecekler.

Büyükanne-büyükbabalar (60-79 yaş): Yüzde 100 artışla 760 milyondan 1,6 milyara erişecekler.

Yeni "yaşlılar" (80+): Bugün 120 milyon olan sayıları, yüzde 211 artışla 380 milyona erişecek.

Gördüğümüz gibi, bugün dünyada demografik bir devrim gerçekleşiyor. Aynı anda dört-beş kuşağın aynı iş ikliminde bulunacağı zamanlar yaklaşıyor. Yaş 35 artık yolun yarısı değil ve aslında bu demografik değişiklik özellikle de çalışmanın ve tüketimin yeni dünyasında, yeni bir sınıfın oluştuğunu ve yeni bir iş etiğinin konuşulması gerektiğini anlatıyor. Dünyanın gelişmiş ekonomileri işe alımdan kariyer planlamaya, emeklilikten iş yaşam dengesine varana dek tüm çalışan deneyimi aşamalarında bu tartışmalara başlayalı çok oldu.

Peki Türkiye yeni dünyanın neresinde?

Demografik devrimden elbette Türkiye de payına düşeni alıyor. Nüfusumuz 80 milyonu, yaş ortalamamız 31'i aştı. Bu ülkede genç kuşağı temsil eden 27 milyon insan var. Genç olmaya aday bebek, çocuk ve ergen sayısı ise 22 milyondan fazla. Onlar sayı değil, insan. Bu ülke, bu 50 milyona yakın insanı anlamak ve onlara umut vermek zorunda.

"Çok genç bir ülkeyiz" klişelerinden sıkıldınız mı bilmiyorum, ama ben sıkıldım. Üstelik her sene küçük ama emin adımlarla yaşlanan bir ülke olduğumuzu düşünürsek durum daha da farklı bir hal alıyor.

Türkiye İstatistik Kurumu'nun (TÜİK) her yıl yayımladığı demografik analizlere göre Türkiye'nin ortalama yaşı son 11 yılda şu şekilde gerçekleşti:

- 2011: 29,7
- 2012: 30,1
- 2013: 30,4
- 2014: 30,7

- 2015: 31
- 2016: 31,4
- 2017: 31,7
- 2018: 32
- 2019: 32,4
- 2020: 32,7
- 2021: 33,1

Ülkemizde şirketlerin ortalama yaşlarına baktığımızda ise gitgide belirginleşen bir gençleşmeye tanıklık ediyoruz. Bu umut veren bir durum; tabii buradaki amaç genç yeteneklerin enerjilerini, yaratıcı düşüncelerini, güçlü kaynaklarını aktive etmek ve gerçek anlamda inovatif bir şirket olma yolunda ülkenin Y neslini (1980-1999 arası doğduğu varsayılan kuşak) önemsemekse... Bir başka gerekçe daha var ki, bahsi bile hoş değil. (Anladınız siz onu, ucuz işgücü planlamasını kastediyorum. Yani, "Gençtir, karın tokluğuna çalışır" varsayımı...)

Evet, kuşkusuz ki Y nesli organizasyonlara büyük bir potansiyel ve yaratıcı güçle geliyor ve bu büyük bir fırsat. Öte yandan, rahmetli anneannemin deyimiyle, tek çiçekle de bahar gelmiyor. Bu büyük yaratıcı ve yenilikçi enerjinin anlam yaratabilmesi ve sürdürülebilir olması için mutlaka zengin deneyimler ve çoklu kültürlerle bezenmesi gerekiyor. Tam da bu sebeple, çok genç olmakla övünen şirketlere kurumsal hafızayı nasıl koruduklarını da mutlaka sormak gerekiyor.

Batı'nın gelişmiş ekonomilerine baktığınızda pek çok dört kuşaklı (sessiz kuşak+BB+X+Y) şirket görebilirsiniz. Bizde ise rastlayabileceğiniz kuşak karması en fazla üç nesli barındırıyor. Hatta öyle ki, ülkemizde, 1945-1964 yılları arasında doğduğu varsayılan BB (Bebek Bombardımanı) kuşağının hiç yer almadığı ya da çok az sayıda bulunduğu bir dolu şirketle karşılaşabilirsiniz. (Bunun sebebi çok basit; 1990'ın ilk günlerinde yasalaşan ve halk arasında "kıyak emeklilik" diye adlandırılan kanunla dönemin BB kuşağı hayli erken emekli oldu.) Oysaki hikâyeciliği ve ustalıklı yaklaşımıyla çok değerli olan BB kuşağı, sonuç odaklılığı ve iş bitiriciliğiyle çok etkin olan X kuşağı ve inovatif arayışları, statükoya meydan okuyan sorgulamalarıyla çok yenilikçi olan Y kuşağının niteliklerinden müthiş bir karma yaratabileceğimizi biliyorum.

Çok kuşaklı şirketleri şanslı buluyorum çünkü çok kuşaklı şirketler "çoksesli"ler. Çoksesliliği kakofoniye değil de senfoniye dönüştürmeyi başaran şirketlerin salt iş için değil, en mühim meselemiz olan insan için değer yarattığını ve bu yapıların geleceğe bağlanan köprülerin temelleri olduklarını düşünüyorum.

NÜFUS: 7.794.798.729

ORTALAMA YAŞ: 30,9

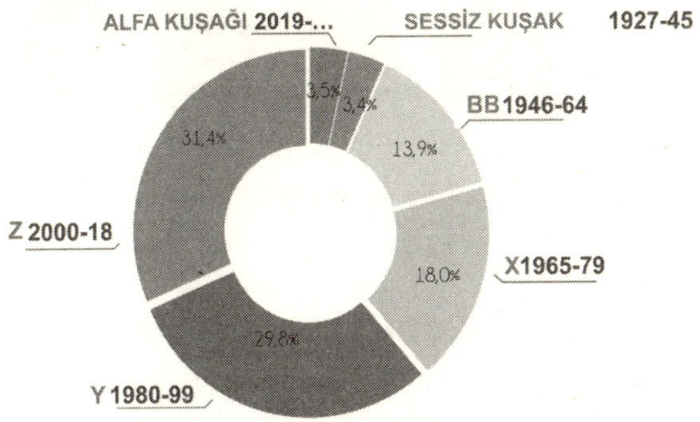

Kaynak: United Nations, Department of Economic and Social Affairs, Population Division, *Population Prospects*, 2021.

NÜFUS: 84.680.273

ORTALAMA YAŞ: 33,1

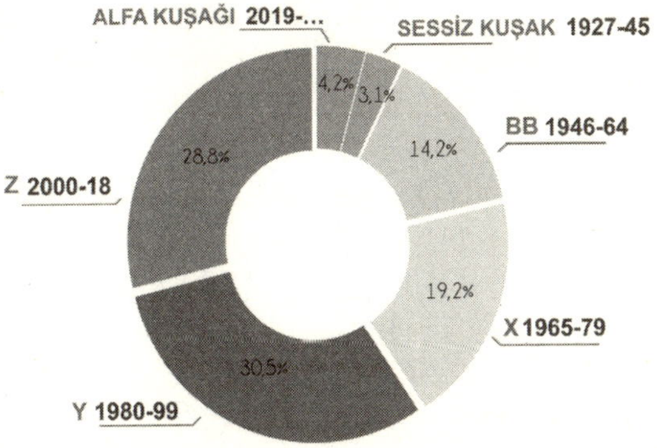

Kaynak: Türkiye İstatistik Kurumu, *2021 Nüfus İstatistikleri*, 2022.

YAŞ GRUBUNA GÖRE DÜNYA POPÜLASYONU (Binler)

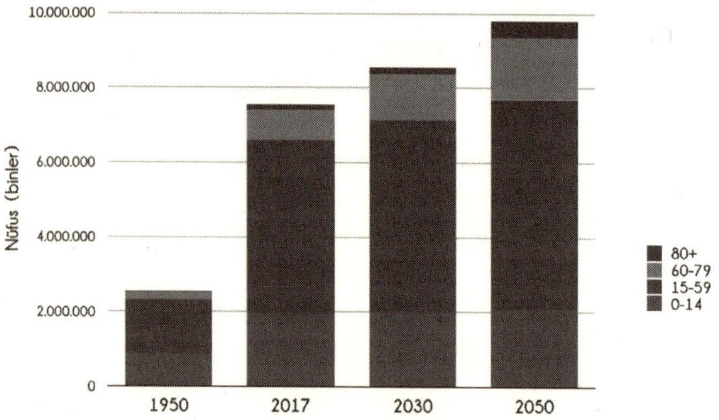

Kaynak: Birleşmiş Milletler Nüfus Fonu (2017), *World Population Ageing*, New York, UN.

YAŞ GRUBUNA GÖRE TÜRKİYE POPÜLASYONU (Binler)

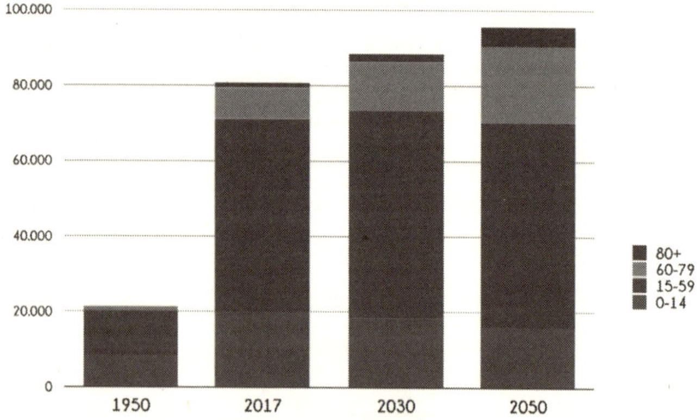

Kaynak: Birleşmiş Milletler Nüfusu Fonu (2017), *World Population Ageing*, New York, UN.

KUŞAK KARAKTERİSTİKLERİ[1]

"Her kuşağın değerleri, tavırları ve beklentileri, yaşam deneyimlerini şekillendiren sosyoekonomik ortama göre değişiklik gösterir."

William Strauss ve Neil Howe

	SESSİZ KUŞAK (1925-1944)	**BB KUŞAĞI (1945-1964)**	**X KUŞAĞI (1965-1979)**	**Y KUŞAĞI (1980-1999)**
GENEL MİZAÇ	Sadık, otoriteye saygılı, fedakâr, takipçi	İdealist, otoriteye karşı çıkan, kurumları yıkan ve yeniden inşa eden, sorumlu, uzun saatler çalışan	Kendine güvenli, şüpheci, parayla motive olan, güvenlik ihtiyacı olan	Aciliyet ihtiyacı yüksek, sosyal bağlantılara önem veren, kurumları yeniden inşa eden

1. Henüz yetişkin deneyimleri konusunda yeterli bilgi setimizin olmadığı Z kuşağı şablonda yer almamaktadır.

AİLE	Geleneksel ve kalabalık aile yapısı içinde yer alanlar	İki kuşak arasında kalmış Sandviç kuşak, helikopter ebeveynler	Boynunda anahtarı asılı kuşak, boşanmalara tanık olan, bağımsız olmaya değer verenler	Önceki kuşağa göre aileyle birlikte olmayı daha fazla önemseyenler
ÖĞRENME	Öğreten merkezli	İçerik merkezli	Vaka merkezli	Deneyim merkezli
TEKNOLOJİ	Telgraf	Faks	Bilgisayar	Cep telefonu

Türkiye'nin Kuşakları

SESSİZ KUŞAK BÜYÜRKEN NELER OLUYORDU?	**BB KUŞAĞI BÜYÜRKEN NELER OLUYORDU?**	**X KUŞAĞI BÜYÜRKEN NELER OLUYORDU?**	**Y KUŞAĞI BÜYÜRKEN NELER OLUYORDU?**	**Z KUŞAĞI BÜYÜRKEN NELER OLUYORDU?**
DÜNYA • İkinci Dünya Savaşı • Ekonomik buhran	DÜNYA • İnsan hakları hareketleri • Radyonun altın çağı	DÜNYA • Petrol krizi • '68 kuşağının etkileri • Sinemada yeni dalga	DÜNYA • 11 Eylül • Küresel ısınma • İnternet	DÜNYA • Küresel terör • Bulut teknolojileri • Bitcoin
TÜRKİYE • Cumhuriyet'in kuruluş yılları	TÜRKİYE • Çok partili dönem • 1960 Darbesi	TÜRKİYE • Sağ-sol çatışmaları • 1980 Darbesi	TÜRKİYE • Refah ve kriz dönemleri	TÜRKİYE • Yetenek kıtlığı • Suriye sorunu

İKİNCİ BÖLÜM

SESSİZ KUŞAK

SESSİZ KUŞAK KİMDİR?

"Bir kuşağın okullarındaki felsefe, sonraki kuşağın hükümetlerinin felsefesi olur."

Abraham Lincoln

1927-1945 yılları arasında doğduklarını varsaydığımız, dünya ve Türkiye nüfusunun yüzde 3,1'ini oluşturan 20. yüzyıl başlangıcının en genç kuşağına "sessiz kuşak" ismi uygun görülmüş. Savaş ikliminin yorgun çocukları, Cumhuriyet'in ilk neslidir sessiz kuşak. İki dünya savaşı arası doğmuş, dünyanın buhranına tanık olmuş kuşaktır. Bu tanıklıktır onlara hem yurtta hem cihanda "sessiz" denmesinin sebebi; çünkü zor zamanların çok çalışması gereken çocuklarıdır onlar, çocuk olmaya pek de zamanı olmayanlardır...

Kuşaklar teorisine göre içedönüklüğü, duygusallığı temsil ettiğine inanılan bu nesil, dört kuşak sembolünden biri olan "Sanatçılar" arketipine girer. Bu savaş ve yoksulluk dönemi çocuklarının "Sanatçı" sembolüyle ilişkilendirilmesi de tesadüf değildir; bir yaratıcı yıkımdır belki işareti verilen.

Tarım toplumundan sanayi toplumuna geçişe tanıklık etmiş bu kuşağa "Gelenekçiler" de denir. Bugün artık yüzde 90'ından fazlasının yer almadığı çalışma yaşamına sıkı çalışmayı, sadakati, saygıyı yerleştirmiş olan kuşaktır. Geleneklerine bağlıdırlar; istikrar diğer adlarıdır.

BİR SESSİZ KUŞAK HİKÂYESİ

"Eşkıyalar etrafımı sarsalar
ezenden olmam ki ezilendenim..."

Âşık Ali Gürbüz

Anadolu'da köylerin, şehirlerin, ağıtlardaki acının, türküdeki sevdanın ismi değişir ama bu toprakların hikâyesi genellikle değişmez. Destanlar, mâniler, şiirler bu toprakların kaderini, isyanını, öfkesini taşır. Bir köyden diğerine, bir şehirden bir başka şehre yalınayak gezerek mâniler yazan, dert anlatan, geçmiş âşıkları kendi zamanına taşıyanlardan biri de Âşık Ali Gürbüz'dür.

1924 yılında, o zamanlar Sivas'a bağlı olan, bugün Malatya Darende'deki Balaban bucağının Akçatoprak, eski ismiyle Mığdı köyünde doğar Ali. Cumhuriyet'in henüz ilk yılında, büyük bir özgürlük savaşının hemen sonrasında, bütün yoksulluğuna rağmen kendini küllerinden var eden bir ülkenin çocuğudur. Kendisi henüz bir yaşındayken, köyün imamı olan babası Molla Mehmet ölür. Annesi Cemile Hanım'la bir başına kalır. Yetimliğini şiirine taşır, babası için "sinemdeki ilk yara" der.

Bizans'ın oyunu gibi, Anadolu'nun çilesi de bitmez. Ali Gürbüz'ün annesi Cemile Hanım, köylerinden geçen Tohma Çayı'nın

kıpkırmızı aktığı günleri, "İkimiz de birbirimizi kestik," diye anlatır Ali'ye. Kardeşleri yaşamadığı için tek çocuk kalan Ali'den başkası kimsesi yoktur Cemile Hanım'ın. Ağrıları arttıkça afyon çiğneyen bu kadının Ali'den başka ne derdi vardır ne de çaresi... Ali'yi babasız büyütmemek için bir evlilik daha yapar.

Türk Dil Kurumu'nun tabiriyle dedem, bizim aile geleneğimizin tabiriyle babam Ali, 12 yaşına kadar üvey babasının yanında yaşar. Bu 11 yıl kayıptır ailemizin hatırasında. Büyük acılar çekildiği bilinir, çekilen acının ne olduğu bilinmez. Anasına yardım etmek için çobanlık, çerçilik yapan Ali, 12 yaşında yuvasından ayrılır. Köy köy, şehir şehir dolaşarak elleriyle yazıp çoğalttığı mânileri satacak, yeni mâniler arayıp bulacak, âşıklarla tanışacaktır.

"Ben küçüğken, Sıvas yöresinde okul yoğ idi. Ben okula gitmedim. Tahsilim yok. Âşık kitaplarını okuya okuya okuryazar oldum. Sivaslı âşıkların basılan kitaplarından Âşık Ruhsati, Âşık Serdari, Âşık Minhaci'nin kitaplarını okuyarak kendimi yetiştirdim ve onların tesiriyle şiirler yazmaya, bunları bastırıp satmaya başladım," cümleleriyle anlatır kendi eğitim hikâyesini Âşık Ali. Okumayı alfabeyle değil, destanlarla, şiirlerle öğrenir.

1930'larda hiç okul okumamış 12 yaşında bir çocuğun mâni satarak hayatını geçindirebileceği düşüncesini yeşerten bir kültür vardır Anadolu'da. Bu yıllar, bir taraftan da Türkiye'nin yüzünü Batı'ya döndüğü yıllardır. 1932 senesinde, Belçika'da yapılacak bir güzellik yarışmasının haberi gelir. Mustafa Kemal Atatürk gibi muhteşem bir vizyoner için, modern Türkiye'nin Batı'ya kendisini gösterebileceği fırsat ayağına kadar gelmiştir. Aynı sene *Cumhuriyet* gazetesinin açtığı Türkiye Güzellik Yarışması'nı kazanan, Fransızca ve İngilizce bilen, iyi eğitimli 15 yaşındaki Keriman Halis Belçika'ya gönderilir. Belçika'da zarafeti ve güzelliğiyle tüm jüriyi kendisine hayran bırakan bu kadın, yarışma sonrasında Mustafa Kemal Atatürk tarafından "kraliçe" anlamına gelen "Ece" soyadıyla ödüllendirilir. Yarışma döneminde Belçika'da bulunan Halit Turhan Bey'in hatıratında aktardıklarına göre, tümü Batılı üyelerden oluşan jüri üyeleri, hor gördükleri bir coğrafyadan gelen bu müthiş kadına şaşkınlıkla bakmıştır.

Yüzünü Batı'ya dönen genç Cumhuriyet, eğitim alanında da sessiz bir devrim gerçekleştirmektedir. Âşık Ali'nin de doğduğu 1924 yılında Türkiye'ye davet edilen dünyanın en önemli eğitim filozoflarından John Dewey'den bir eğitim raporu hazırlaması istenir. 19 Temmuz'da Türkiye'ye gelen ve bir dizi görüşme gerçekleştiren John Dewey, 14 Ağustos günü Atatürk'ün Çankaya'daki sofrasına misafir olur ve uzun bir görüşme gerçekleştirirler. Dewey'in *Türk Maarifi Hakkındaki Rapor* isimli çalışması, Köy Enstitüleri'nin kuruluşuna giden yolu açar.

1945'te Türkiye'ye gelerek Hasanoğlan Köy Enstitüsü'nü gezen John Dewey, İngiltere ve Amerika'daki konuşmalarında, "Benim düşlediğim okullar Türkiye'de Köy Enstitüsü olarak kurulmuştur. Tüm dünyanın bu okulları görüp eğitim sistemini, Türklerin kurduğu bu okulları göz önünde bulundurarak yeniden yapılandırması isabet olacaktır," ifadelerini kullanmıştır. Genç ve aydınlanmacı Cumhuriyet, başarmakta kararlıdır.

Bir taraftan kendi devriminin peşinde koşan, bir taraftan uğradığı saldırıları savuşturan Anadolu, 26-27 Aralık 1939'da Erzincan Depremi'ne tanıklık eder. 116.720 binanın yıkıldığı, yaklaşık 100.000 kişinin yaralandığı ve resmî kayıtlara göre 32.962 kişinin hayatını

kaybettiği bu felaket büyük bir travmaya sebep olur. Âşık Ali'nin de tanıklık ettiği acılar, kendisini mâni yazmaya itecektir.

Çerçilik yaparken şiirleriyle tanıştığı bir âşık, Ali'nin ustası olur. Kendisini hiç görmese de bu âşığın ruhu, anlatımı ona rehberlik eder. 12 yaşında yetim kalan, "Daha senden gayrı âşık mı yoktur / Nedir bu telaşın ey deli gönül" dizeleriyle bugünlere ulaşan, 1835 doğumlu bu kişi Âşık Ruhsati'dir. Kendi kendine bağlama çalmayı öğrenen, artık kendi mânilerini insanlara ulaştıran Âşık Ali yıllarca bu işi yapar.

Köyde kendisi gibi yetim Emine'ye vurulan Ali, evlenince annesi Cemile Hanım'ı da alıp 1950 yılında Ankara'ya yerleşir. Karısı Emine ve annesi Cemile Hanım'la bir gecekonduda yaşamaya başlar. Annem, 1952 yılında işte bu gecekonduda doğar.

Âşık Ali'nin toplumcu yaklaşımı yalnızca şiirde kalmaz. Ankara'ya gelen öğrenciler, mahallenin delisi, tedavi olması gereken hastalar bu gecekonduya doluşur. O yoksulluk içinde ne varsa paylaşılır, Âşık Ali de yazmaya ve söylemeye devam eder.

1950'de mâniciliği bir kenara bırakıp ilk destanını yazar. *Kore Destanı*'yla tanınırlığı artar. "Yollarda giderken, 'Şu giden Âşık Ali Gürbüz,' diye gösterirlerdi beni," diyerek özetler 1960'a kadar olan durumu. İnsanların ilgisi yalnızca Ali Gürbüz'e değil, âşık kültürüne, destanlara, yazıyadır. Destanlarının konularını gazeteden aldığını söyler Ali Gürbüz. Bir destan, bir davanın akışını etkileyecek kadar güçlü olabilir. O dönemde bazı âşıkların bu tip davalarla karşı karşıya kalmasından dolayı mahkûm olmaktan değil, adalete zarar vermekten korktukları için daha kesin konular üzerine yazarlar.

Elbette Anadolu'yu dolaşırken kazalar da yaşanır. O dönemde de dikkat çekmek için cinsiyetçi metinler okunup yazılır, ama sonucu pek bugünkü gibi olmaz. Ali Gürbüz insanları yanına toplamak için Talibî Coşkun'un *Ahlaksız Kadınlar Hakkında* destanından "Erkeklerin yüze gülen düşmanı, önümüze kuyu kazan kadınlar" diye başlayan dörtlüklerini yüksek sesle okuyunca bir kadın tarafından kafasına topuklu ayakkabıyla vurulur. Adapazarı'ndaki benzer bir durumda ise polis gelip Âşık Ali'yi gözaltına alıp destanlarını yakar. Kadınları rencide etmek ciddi ve büyük bir suçtur o dönemde.

50'li yıllarda, dönemin başbakanı Adnan Menderes kentsel dönüşüm başlatır. İnsanlar gecekondularda değil, apartmanda yaşamalıdır ve kalkınma bu şekilde başarılacaktır. En zor zamanlarında bile dünyanın en önemli entelektüellerinden beslenen genç Cumhuriyet, artık yerini beton miktarını dikkate alan bir anlayışa bırakmaktadır. Ankara'nın Varlık Mahallesi'nde 40 metrekarelik evlerden oluşan apartmanlar inşa edilir. İtalyan gettolarını andıran bu apartmanlar yüksek katlı olsa da, içinde gecekondu yaşamı devam eder. Âşık Ali'nin, Emine Anne'nin, Cemile Hanım'ın, annemin, dayılarımın yaşayacağı bu evlerden biri benim de doğduğum ev olur.

Ankara'ya gittiğinde kendisine küçük bir kitapçı açan Âşık Ali, 1961 yılında kitapçıyı matbaaya dönüştürür. Ulus'ta Güvercin Sokak'ta bulunan Âşık Matbaası, hâlâ aynı yerde orijinal haliyle korunuyor.

Türkiye'nin Demokrat Parti döneminde yaşadığı baskıcı rejime duyarsız kalamayan Âşık Ali ezenden değil, ezilenden taraf olmayı seçer. Hissettiklerini, başkaldırısını yine sanatla dışa vurur:

Kiminen olursun diye sorsalar
Ezenden olmam ki ezilendenim...
Eşkıyalar etrafımı sarsalar
Ezenden olmam ki ezilendenim...
Musa gibi Nil Nehri'ne atsalar
Yusuf gibi pazarlarda satsalar
Beni ilden ile sürgün etseler
Ezenden olmam ki ezilendenim...

Haksıza çatarım babam da olsa
Dünya zihniyeti ile ceplerim dolsa
Elim kelepçeli boynum vurulsa
Ezenden olmam ki ezilendenim...

Pir Sultan misali zindana girsem
Adalet kurulsa bir sınav versem
Halkın derdi ile ölsem dirilsem
Ezenden olmam ki ezilendenim...

Ali Gürbüz kemiklerim ezilse
Hâkimlerce idam emrim yazılsa
Taviz vermem derilerim yüzülse
Ezenden olmam ki ezilendenim...

Bu şiiri sebebiyle Demokrat Parti döneminde hakkında soruşturma açılan Âşık Ali, 1960 İhtilali'nden sonra yazdığı bir destanın saatte 200-500 adet arasında satıldığını söyleyecektir. Korkunç darbenin sonrasında Menderes'in asılacağı meydana halk davet edilir. O meydanda, yaşlı ve yorgun yüzü, nice acılara göğüs germiş bedeniyle bir kadın, bir kız çocuğunun elini tutmaktadır. Ali Babamın annesi Cemile Hanım, Ali Babamın kızı olan annemi meydana çıkarmıştır.

1960'lardan itibaren destancılık popülerliğini kaybeder. Âşık Ali'nin, "O zamanlar bir olay altı ayda, bir yılda ancak duyuluyordu. 1960'larda radyo ve televizyon çıkınca destancılığa kimse kıymet vermez oldu. Gözüm gezmeyi kesmedi, bıraktım," cümleleri, destancılığın neden bittiğini anlatır.

Yaşamının geri kalanını matbaasında çalışarak ve eserlerini yayımlatarak geçirir. 1999 yılında yayımlanan seçki kitabının önsözünde şunları yazar: "Yarım asırlık bir tarih içinde halkımızın isteklerinin neler olduğunu ve bu istekleri bir şair diliyle nasıl ifade ettiğimi, gelecek neslin gözleri önüne sermek istedim."

Halk Ozanları Kültür Derneği'nin kurucusu, onlarca kitabı, sayısız ödülü ve TRT dağarcığına eklenmiş pek çok eseri olan Ali Gürbüz'ün bu isteğinin bu belleksiz toplumda gerçekleştirilmesi kolay mıdır peki?

Kolay olmasa da, biz çocukları ve torunları elimizden geleni yapmak gayretindeyiz.

Büyükbabam Ali Gürbüz, 21 Temmuz 2005 tarihinde aramızdan ayrıldı. Sözleri ve ezgileri kalbimizde, zihnimizde ve dilimizde hâlâ yaşıyor. Güzel ismi ise Z kuşağından oğlum Ali'yle yaşıyor. Tıpkı sessiz kuşak gibi, Z kuşağı da "Sanatçı" arketipinin temsilcisi. Demem o ki, tanışma fırsatını bulsalardı, iki Ali, çok ortak paydada buluşurlardı... Kalbimde bir kâğıt kesiğidir Ali Babamın hikâyesi... Sazı ve sözü çok sevmek varsa bünyemde ondandır, genlerimdendir.

Onu, 40 yıl önce yazdığı dizelerdeki öngörüsüne hayranlıkla, hasretle anıyoruz...

Gürbüz der ki kölesiyim vatanın
Her taşında hakkı vardır Ata'mın
Hak'tan korkmazsanız kuldan utanın
Kara yüzlülere ak mı diyelim?

ARKANSAS'IN TEZENESİ

"Kâinat yekvücut, tek varlıktır.
Her şey ve herkes görünmez iplerle birbirine bağlıdır."
Şems-i Tebrizi

"Sessiz kuşak gelenekselliğini hangi müzik tanımlar?" desek bu kuşkusuz her ülkenin kendi "folk müzik"i olur.

Eski halk şarkılarının kuşaktan kuşağa aktarılmasıyla ortaya çıkan, basit ama bir o kadar da meselesi olan "country" müziği, Amerika'nın halk müziğidir. Amerika Birleşik Devletleri'nden çıkmış en samimi şey olduğuna inandığım bu türün en önemli ismi ise tartışmasız Johnny Cash'tir. İnsan hakları savunucusu ve aktivist Cash, Kuzey Amerika yerlilerinin uğradıkları haksızlıkları ifşa eden ilk beyaz şarkıcılardan biri olması hasebiyle, bu pastoral müziğin ikonu olma sıfatını annesinin ak sütü gibi hak eder.

Cash'in yaşadığı topraklarda tüm insanların daha iyi bir hayata sahip olması gereğine dair bir derdi vardır. Her daim siyahlar içinde sahneye çıkar. Niye hep siyah giydiğini soranlara yanıtını 1971'de yazdığı "Man in Black" şarkısıyla verir. Geçim sıkıntısı çekenler, yenilmişler, umutsuzlar, açlar için işler iyiye gidene dek onu hiç beyaz giyerken göremeyeceğimizi söyler.

Johnny Cash, yeniyetme ikonlara benzemez. İşini ciddiye alır, kendini değil. Elinde gitarı, mikrofonun başına geçer ve tüm konserlerine, "Selam... Ben Johnny Cash," diye başlar. İşte tam da o zamanlarda, binlerce kilometre ötede, Anadolu'da bir başka müzik insanı telli çalgısı kucağında, benzer tevazuyla selamlamaktadır seyircisini. Abdallık geleneğinin son büyük temsilcisidir. "Hepimiz bu devletin sanatçısıyız, ayrıca bir 'devlet sanatçısı' sıfatı bana ayrımcılık geliyor. Ben halkın sanatçısı olarak kalırsam benim için en büyük mutluluk bu," diyerek devlet sanatçılığı teklifini kabul etmez. Neşet Ertaş'a "Türkiye'nin Johnny Cash'i" denmesi boşuna değildir.

Johnny Cash'ten bir röportajında, cenneti tarif etmesi istenir. Cash, şu cevabı verir: "Bu sabah, onunla kahve içerken." Ona bu dünyada cenneti yaşatan, şarkılarını ve sahnelerini paylaştığı büyük aşkı June Carter'dır. Johnny, büyük aşkı June'un ölümünden dört ay sonra bu dünyadan göç eder.

Müzikleri kadar aşkları da sahici adamlardır onlar. Türkiye'nin Johnny Cash'ine "Evvelim sen oldun ahirim sensin" dedirten işte böyle tutkulu bir aşktır. Bozkırın Tezenesi, kendi gibi saz çalan, türkü söyleyen Leyla'ya Mecnun olur.

Johnny Cash ve Neşet Ertaş bu dünyada olmasa da, sınırları olmayan âlemde mutlak buluşmuşlardır diye tahmin ediyorum. Şems-i Tebrizi, "Kâinat yekvücut, tek varlıktır. Her şey ve herkes görünmez iplerle birbirine bağlıdır," diyor. Johnny Cash'in "Hurt"ü ile Neşet Ertaş'ın "Ah Yalan Dünya"sı o görünmez iplerden. Kapsama alanı sınırsız. Dilimize, dinimize, adresimize bakmadan bizi birbirimize bağlıyor, bozkırı Arkansas'la buluşturuyor.

SESSİZ KUŞAKLARINI YİTİREN KURUMLAR / KURUMSAL UZUN ÖMÜRLÜLÜK

"Hayatta kalabilen türler en güçlü olanlar değil; en akıllı olanlar da değil, sadece değişime ayak uydurabilenler."

Charles Darwin

Dünya büyük bir hızla değişiyor, ancak başarı ve sürdürülebilirliğe ait öğretiler de aynı hızda değişiyor mu, emin değilim. Özellikle zanaatlarını ve belleklerini kuşaktan kuşağa aktarmalarında hem finansal hem de duygusal değer olan aile şirketlerinin mutlaka odaklanması gereken bir alan kurumsal uzun ömürlülük.

Dünyanın bilinen en eski ve en uzun yaşamış aile şirketi 578 yılında kurulan ve 2006 yılında varlıklarını Tamakatsu'ya satarak 14 asırlık bir geçmişi sonlandıran tapınak inşaatçısı Kongo Gumi. Şirket bunca asır ayakta kalmış olmasını, yönetimi kıdem olarak sırası gelen en büyük aile ferdine devretmek yerine, gerçekten işin gerektirdiği sorumluluk ve yeteneklere sahip olanları lider olarak seçme esnekliklerine bağlıyor. Peki 14 asır ve yüz küsur kuşak ayakta kalmış olan şirketin 21. yüzyılda tarihe gömülmesine sebep olan zayıf nokta ne? Bunun iki sebebi olduğu düşünülüyor. İlki finansal sebepler. Şirket 1980'lerde gayrimenkule yatırım yapmak amacıyla ciddi bir borç yükü altına giriyor ve 1992-1993 resesyonunda önemli ölçüde yıpranıyor. İkincisi ise sosyal değişimler; yani ülkede tapınaklara yapılan azalan yatırım.

Türkiye'nin en eski şirketinin geçmişi ise 240 yıllık. Faaliyetlerini halen devam ettiren en eski Türk şirketi 1777 yılında kurulan Hacı Bekir Lokumları şu an altıncı jenerasyon tarafından yönetiliyor.

Meşhur *Fortune* 500'ü bilirsiniz. *Fortune* dergisi tarafından hazırlanan ve yayımlanan bu yıllık listede, ABD'de en yüksek net ciroya sahip 500 kurum sıralanır. 1955 yılında *Fortune* 500 listesindeki şirketlerin 2021 sonu itibarıyla sadece yüzde 10'u ayakta. Yani 500 şirket içinden sadece 53 tanesi yaşamına devam ediyor. 2022'de kaçı aramızdan ayrılacak bilmiyorum ama ayrılacaklar olacağına eminim. Çünkü çok güçlü olmak, hızlı adapte olma yeteneğini her zaman beraberinde getirmiyor.

Innosight'ın S&P 500 (Standard and Poor's 500 endeksi) şirketlerinin tepe yönetimleriyle 2016 yılında yaptığı Kurumsal Uzun Ömürlülük Araştırması'nın sonuçları dikkat çekici. S&P 500, Amerika'da faaliyet gösteren değeri en yüksek 500 şirketin hisse senetlerinden oluşuyor ve bu şirketler sermaye, likidite, pazar payı, kârlılık gibi kriterlere göre seçiliyor. Araştırmada tepe yöneticilere şu soru soruluyor: "Değişime cevap vermenin önündeki en büyük engeliniz nedir?" Liderlerin yüzde 40'ı "günübirlik kararların stratejimizi baltalaması" yanıtını veriyor. Hemen ardından gelen yanıt yüzde 24'le "kolay anlaşılır bir vizyonun eksikliği." Liderlerin yüzde 14'ü "inovasyonu destekleyecek sistemlerin olmayışı"nı, yüzde 12'si "doğru yeteneklerin olmayışı"nı, yüzde 10'u ise "güçlü fikirlerin eksikliği"-ni değişimin önündeki en büyük engel olarak gösteriyor. Bence hepsi haklı!

Gerek Türkiye'de yapılan araştırmalarda gerekse yıllardır aile şirketleriyle olan deneyimime baktığımda ülkemizde pek çok aile şirketinin üçüncü kuşakta patinaj yaptığını düşünüyorum. Oysa kuşaklar arası geçiş, deneyim ve yenilik harmanlanabilirse daha az sancılı olabilir. Yeter ki nesilden nesle aktarılan sadece finansal kaynaklar değil, yaratılan toplumsal değer ve özdeki anlam da olsun.

ÜÇÜNCÜ BÖLÜM

BEBEK BOMBARDIMANI KUŞAĞI

BEBEK BOMBARDIMANI KUŞAĞI KİMDİR?

"O dönem insanlar arasında yalnızca bir insan olarak, bir başka insan olmaktan başka gerekçelendirmeye gerek duymadan herkesin birbiriyle anonim, gayri şahsi bir şekilde konuşabildiği güzel zamanlardı."

Maurice Blanchot

Dünyanın ilk kez 1970'te *Washington Post* gazetesinde yayımlanan bir makalede karşılaştığı *Baby Boomer* (Bebek Bombardımanı) ifadesi, ismiyle müsemma bir etiket.

Kuşakları çerçevesi çok net çizilmiş zaman aralıklarına sıkıştırmaktan ve kati tanımlar yapmaktan hoşlanmasam da, dönemi daha rahat tanımlayabilmek için 1945-1964 yılları arasında doğanları bebek bombardımanı kuşağı olarak kabul edebiliriz. Dünya nüfusunun yüzde 13,9'unu, Türkiye nüfusunun yüzde 14,2'sini oluşturan, kuşaklar teorisine göre rasyonel aklı, düşünmeyi temsil ettiğine inanılan bu nesil, dört kuşak sembolünden biri olan "Kâhin" arketipine girer.

İngilizce bir deyim olan *Baby Boomer*, özellikle Amerika'da İkinci Dünya Savaşı'nın bitiminde başlayıp 1960 yılı başlarına kadar süren, yıllık doğum hızındaki büyük artışı anlatıyor. Her ne kadar ismi Amerikalılar koymuş olsa da, Türkiye'de de bebek bombardımanı kuşağı savaş sonrası neslin çocukları olarak nüfus artış hızına anlamlı bir katkı sağlamış. Bebek bombardımanı kuşağına verilen bir diğer isim daha var ki, kuşağın çocukluğunu da yetişkinliğini de pek iyi tanımlıyor: sandviç kuşak. Önce çocuklarına, daha sonra ise anne ve babalarına bakan bu kuşak, kalabalık ailelerin belki de son temsilcisi ve belki de bu özelliklerinden dolayı, kendilerinden olmayan kuşaklarla da en iyi anlaşan jenerasyon. Bir başka deyişle, benzerleriyle bir arada olmamaya idmanlılar.

Bebek bombardımanı kuşağının gençliğinde Türkiye'de 1000 kişiye 18 telefon, 4 otomobil düşüyordu. Sadece büyük kentlerde elektrik vardı ve nüfus da, kaynaklar da bugünün Türkiye'siyle kıyaslanamaz durumdaydı. Ancak bebek bombardımanı kuşağı çok az kaynakla çok büyük hayaller kurabiliyordu.

BİR BEBEK BOMBARDIMANI KUŞAĞI HİKÂYESİ

"İnsanlar babalarından çok, yaşadıkları çağa benzerler."

Marc Bloch

Dünya, adeta küçük bir çocuğun âcizliğiyle, ne zaman köşeye sıkışsa kendisini savaşla ve krizlerle yeniler. İnsanlık tarihinin baş belası olan bu savaşlar, acının ve öfkenin yıkıcı gücünü tüm insanlığın, tüm devletlerin iliklerinde hissetmesine sebep olur. Ezberler bozulur, kurallar kalkar, umutlar kurur, insanlar ölür, inançlar yıkılır.

Sonra fırtına durulur, arkasındaki yıkıntıyla birlikte geçer gider içimizden. Savaşın gençleri, savaş sonrasının yaşamını kurmak zorunda kalırlar. Ölümü görenler, ölümsüzlüğü isterler. Tükenmez ve uslanmaz bir insan içgüdüsüdür bu. Kendi ölümsüzlüklerini kendilerine gösterecek ve kendilerinden geriye bırakacakları bir ize ihtiyaçları vardır. Dünyada nüfusun en fazla arttığı dönemlerdir bunlar.

İnanacak, güvenecek devletler gerekir insanlara. Savaşların kazananı da mağluptur ya hani, o yüzden hangi taraftan olduğu fark etmez, herkes kendi memleketini baştan yaratmak zorunda kalır. Devlet kurumları, büyük binalar, büyük inançlar inşa edilir yeniden.

Dünyanın makûs talihi nasıl savaşlarsa, dünyanın bir şansı da değişimdir. Savaşla büyüyüp barış içinde bir düzen yaratmaya çalışanların yarattığı dünyaya sığmaz sonraki kuşak. Savaş görenlerin ölümsüz olmak için dünyaya getirdiği bebek bombardımanı kuşağı, işte bu değişimin kuşağıdır. Dünyanın her yerinde flamalar yükselir, sesler yükselir, değişim yükselir. Bir kuşak gelir ve bir öncekinin koyduğu kuralları değiştirmek ister.

Babam işte böyle bir kuşağın mensubuydu. Sessiz kuşağın duygusal dünyası yerini "idea"ya yani düşünceye bırakırken, farklı düşünceler ve farklı ideolojik tabanlardan gelen gençlerin yetişmeye başladığı bu dönem yeni dünyayı yaratacaktı. 20. yüzyılın en ikonik konuşmalarından birini Martin Luther King yaptı. *"I have a dream"* (Bir hayalim var) diye başladığı bu konuşma, dünyada değişimin en güçlü ayak seslerini duyururken yeni inançları da filizlendiriyordu.

Artık âşıklar, destancılar kaybolmuştu; radyo altın çağını yaşıyordu. Türkiye'de çok partili sistem oturmuş, ilk askerî ihtilal yaşanmış ve bebek bombardımanı kuşağı içerisinden Türkiye '68 hareketi çıkmıştı. '68 hareketinin evrenselliği, biçimi ve gücü, kuşak teorisini hepimize ispatladı. Kars'ın bir köyünden çıkan bir çocuk, dünyayı değiştirme hayali kuracağı bir geleceğe ilerleyecekti.

1947 yılında, arıcı Bekir ve karısı Cemile'nin dördüncü evladı olarak Kars'ın Kağızman ilçesinin Yalnızçam köyünde doğmuş bir çocuktu babam. Kars üzerine anlatılanları Kars'ı görmeden anlamak mümkün değil, ancak Puşkin'in gezdiği sokaklarda, o sokaklarda Puşkin'in gezdiğini bilmeden arşınlayan bir çocukluk bu, zira Yalnızçam köyü Rusya sınırına oldukça yakın. İnanılmaz karizmatik ve aileyi anaerkil kılacak kadar dediğim dedik bir kadın olan babamın annesi Cemile Hanım'ın ilkokul diploması bile Rusça. Ayrıca Cemile Hanım'ın babası Cemal Bey de bir âşık. Şiirleri Türkiye'yi dolaşan bu adamın torununun hayata bakışını da başka âşıklar değiştirecek.

Ortaokulu Kars'ın merkezinde okuyan babam, bu eğitim seviyesine erişen ilk evlat olarak büyük takdir toplasa da kâğıt, kalem ve defter bulmak için bolca uğraşmak zorunda kalıyor. Hem o günün Türkiyesi hem de ekonomik sebepler dolayısıyla çimento torbaları kâğıt oluveriyor babam için. Çimento torbalarının üzerinde çözdüğü matematik soruları, cevaplarıyla hayaller kurduruyor babama. Tesadüflere mi inanırsınız yoksa coğrafyanın kader olduğuna mı bilmem, ama babam çocukluğunda matematik kadar edebiyata da merak sarmasına sebep olan bir deneyim yaşıyor: Köy köy gezip destan satan bir âşık, babamın memleketine de uğruyor. Erzurumlu ozan Âşık Reyhani'ye ait şiirleri, destanları dağıtan, bir zaman sonra da kendi şiirlerini yazan ve babam tarafından sıklıkla okunan bu âşığın ismi de Ali. Babamın bir dönemi, o zamanlar kaderinin kesişeceğini bilmediği, toplumcu hayallerini filizlendiren Âşık Ali'nin şiirleriyle geçiyor.

Ortaokul bittikten sonra Kars Öğretmen Okulu'na gidiyor babam. Eyersiz ata binebilen, bir yılanı boynundan yakalayabilen, doğayı tanıyan bir adam... Mezun olduğu gibi Ankara'nın Kalecik köyüne atanıyor. Dönemin Türkiyesi'nde üniversite sayısı 9. Bugünkü gibi elimizi salladığımızda üniversiteye çarpmıyor; henüz apartmanların ikinci katlarına üniversite açılmamış. Haliyle bu üniversitelerden çıkan insanların hayali diğerleriyle rekabet etmek değil, eğitim ihtiyacını karşılamak, öğrencilerine güzel bir yaşam sunmak.

Bebek bombardımanı gençlerinin birbiriyle değil ama dünyanın ezberleriyle bir rekabeti var. 1968'de bütün dünyada bir başkaldırı kendini gösteriyor. Paris merkezli ve üniversitelerde yayılan bu isyan, ardı arkası kesilmez bir değişim dalgası başlatıyor. Sartre elinde bildirilerle Paris sokaklarında dolaşıyor, Küba Devrimi'nin tazeliğiyle kurulan hayaller ortaya flamaları çıkarıyor, Türkiye'de ise anti-emperyalist bir dalgayla 6. Filo'nun askerleri, devrimci gençler tarafından denize dökülüyor.

Kalecik'in bir köyünde öğretmenliğe devam eden, hayalleri olan, ideallerinin peşinden giden bu adam bir kadınla tanıştırılıyor. Öyle ya, iş bulup da yaşama atıldığına göre bir yuva kurmanın zamanı geliyor bebek bombardımanı kuşağı için. Bu kadın da bir öğretmen. Aynı okulda okuduğu, Kalecik'in bir başka köyünde görev yapan ve âşık bir babanın kızı, annem.

Bu BB kuşağı kadın ve adamın (yani annemin ve babamın) gençliklerinin bir dönemini geçirdikleri Kalecik'e dair eşsiz anıları var. Babam, büyük bir parasızlığın içinde mutlu bir hayat sürmeyi becerebiliyor. Görev yaptığı Alevi köyünde, evlatlarına eğitim vermeye gelen genç öğretmen el üzerinde tutuluyor, eksiği gediği bırakılmıyor. Şimdilerde moda olan evde şarap yapımı, o dönemin zorunluluklarından. Elektriksiz köylerinde eğittikleri çocuklarla, dostlarıyla, hayalleriyle mutlu olan bu iki genç öğretmen evlenme kararı alıyorlar. Ancak babam çok yoksul, annemin babası Âşık Ali Gürbüz ise kızına çok düşkün olmaktan mütevellit, endişeli. Hal böyle olunca büyükbabam Ali Gürbüz'ün, babam hakkında küçük bir soruşturma yapması gerekiyor. Referans kontrolü yapmak için Ali Babam elbette Erzurumlu Âşık Reyhani'yi buluyor. Damat adayının annesi Cemile Hanım'ın babası Âşık Cemal Hoca'yı tanıyan Reyhani olur verince, Âşık Ali Gürbüz de ikna oluyor. Bir bahar akşamı düğün dernek kuruluyor.

Benim doğduğum 1976 yılında, ben henüz kundaktayken babam Gazi Üniversitesi'nde pedagoji eğitimi alıyor. Gazi Üniversitesi bilindiği üzere o dönemler Türkiye gençlik hareketinin sert kutup-

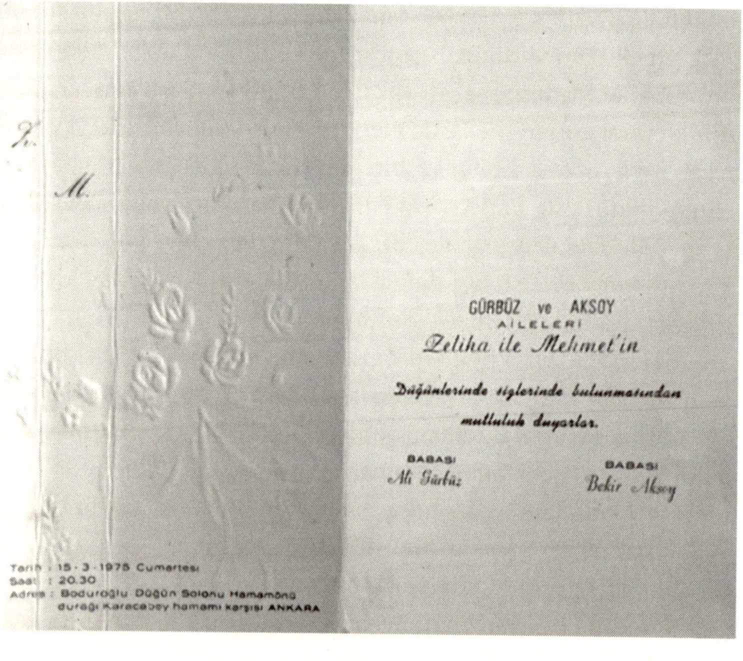

larından biri ve sol görüşlü olduğunu asla saklamayan biri için çok da tekin bir yer değil. Bir gün polis eve gelip anneme babamın o dönemin gündelik olaylarından sayılan öğrenci olaylarından birinde öldürüldüğünü söylüyor. Şimdi bir cümleyle özetlediğim bu olay, muhtemelen annem için bir ömre bedel birkaç saat demek... Annem ayakkabılarını bile giymek aklına gelmez halde koşarak hastaneye gittiğinde babamın ölmediğini, yaralandığını öğreniyor. Kafasına sıkı darbeler alan bu genç adamın siyasal görüşleri, yaşamının ilerleyen yıllarında da ona bedel ödetiyor; milli eğitim müfettişi olarak hizmet verdiği otuz yılın on sekizinde Ankara'dan ve ailesinden uzak kalmasına sebep oluyor.

1977 yılı ise, babam gibiler için dönüm noktası kabul edilebilir. 1968 yılından beri eylemlerini sıklaştıran, 12 Mart Muhtırası'nı gören, büyük operasyonlara uğrayan Türkiye solcuları, 1977'de 200.000 işçinin katıldığı 1 Mayıs eyleminde daha önce görmedikleri bir faciayla karşılaşıyorlar. Devrimci İşçi Sendikaları Konfederasyonu öncülüğünde bayram kutlamaya hazırlanan işçilerin üzerine, kimliği bugün bile bilinmeyen insanlar tarafından açılan ateş ve ortaya çıkan kaos sebebiyle 34 kişi yaşamını yitiriyor. Kamyonun yolu tıkaması sebebiyle kapanan Kazancı Yokuşu'nda kaybettikleri dostlarının görüntüsü, bugün bile akıllarından çıkmıyor. Kanlı 1 Mayıs, güzel hayalleri olan insanların yüzüne büyük ve çirkin bir tokat olarak çarpıyor.

1978-1979'lara gelindiğinde ise darbeyi çağıran olaylar başlıyor. Ülkenin genel atmosferini korkunç bir kaos ve şiddet tanımlıyor. Bebek bombardımanı kuşağı, temsil ettiği rasyonel değerleri asla terk etmiyor ama hayalini kurduğu mutlu geleceğe 1980 Darbesi'yle birlikte "hayır" diyor.

Tüm dünyada sosyalizmin kaybedişi olarak resmedilen ve postmodernizme giriş dönemi diyebileceğimiz 1980 Darbesi ve uluslararası türevleri aslında basit bir amaca hizmet ettiler. Almanya ve İtalya'daki işçiler yeniden faşist eğilimler içindeydiler; Avrupa'da beklenen devrim gerçekleşmiyordu ve artık liberal ekonomi hedeflediği ülkelerde güçlenerek ilerlemek istiyordu. Bunun için de evrensel güzelliğe inanan insanlardan kurtulması ve sistemi savunan, gücün yanında olan bir sistem oturtması gerekliydi. 1979-1983 yılları arasında tam 15 ülkede darbe oldu. Evrensel şekilde sisteme başkaldıran kuşak, evrensel bir darbeyle durduruldu. Kitaplar yakıldı, insanlar işkence gördü, gencecik çocuklar asıldı.

Banyo kazanında yakılan kitapların kokusunu hâlâ hatırlıyorum. Babam o dönemde Yozgat'ta sürgündeydi ve 80 Darbesi hepimizin, ama en çok da o hayalleri kuran güzel insanların üzerinde iz bıraktı. Değişime olan inançları, mutlu bir dünya için verdikleri emek, postallarla ezildi. Artık başka bir ebeveynlik anlayışı doğacaktı. Çektikleri acıları, kendilerinden sonra gelen X kuşağı çocukları çekmesin diye onlara, "Olaylara karışma!" öğüdü verecekler ve yeni bir kuşağı şekillendiren depolitizasyon yangınına istemeden de olsa odun atacaklardı.

KURUMLARDA 50 YAŞ ÜSTÜ ÇALIŞANLAR

"Kırk yaş gençliğin yaşlılığı, elli yaş yaşlılığın gençliğidir."

Victor Hugo

50 yaş üstü çalışanların *Baby Boomer* (Bebek Bombardımanı) diye adlandırılan ve yaklaşık olarak 1946-1964 arası dönemde dünyaya geldikleri varsayılan bir dönemin çocukları olduğunu söyleyebiliriz. Bir başka deyişle, Türkiye'de *Baby Boomer* olmak demek, ülkemizde 1000 kişiye 18 telefon ve 4 otomobil düştüğü yıllarda dünyaya gelmiş olmak, ambargodan kaynaklı yağ kuyruklarını, Sümerbank'ı, Türkiye'nin ilk yürüyen merdivenini hatırlamak demek...

50 yaş üstü kuşağın bir diğer adı da sandviç kuşak; çünkü bu kuşak, çocuklarını bakıcılara değil annelerine emanet etmiş bir kuşak. Yani hem ebeveynlerine hem çocuklarına bakmış bir kuşak; dolayısıyla sonraki jenerasyonlara göre kuşaklar arası iletişimde daha antrenmanlı olduklarını söyleyebiliriz. Bu da onların şirketler için öneminin altını bir kez daha çiziyor.

50 yaş üstü çalışanların çalışma hayatında en belirgin özelliklerinden biri, sonraki kuşaklara kıyasla çok daha farklı bir sadakat anlayışına sahip olmaları. BB kuşağı kuruma sadakati temsil ediyor;

zira yaşam deneyiminde işe başladığı şirketten emekli olan pek çok örnek var. (Onlardan sonra gelen X kuşağı kendine sadık; 1980'den sonra doğan Y kuşağı ise ruhuna sadık.) 1980'lerden sonra iş yaşamında telaffuz edilmeye başlanan "yaşamak için çalışmak" kavramı, 50+ çalışanların işe başladığı dönemde "çalışmak için yaşamak" olarak kendini gösteriyor.

Bu kuşağın sosyal medyayı kullanmadığını söylemek doğru olmaz. Türkiye'nin *Baby Boomer*'ları sosyal mecralarda çok yoğun bir şekilde yer almasalar da, bu dünyadan haberdarlar. Facebook Türkiye kullanıcılarının yüzde 7'si 50+ yaş grubundan oluşuyor. (Türkiye kullanıcıları derken 41 milyonu aşmış kullanıcıdan bahsettiğimizi hatırlayalım!)

Uzun yıllardır kuşak çalışmaları yapan bir araştırmacı olarak, BB jenerasyonunun yeni nesil diye adlandırdığımız Y kuşağı jenerasyonla yaşaması muhtemel iletişim kopukluğunu pek de tehlikeli bulmuyorum, hatta Y kuşağının 50+ çalışanlarla daha rahat iletişim kurabildiğini düşünüyorum. Buradaki en temel etkenlerden biri sandviç kuşak olmalarının yanı sıra, radyo çağı çocukları olan *Baby Boomer*'ların hikâyecilik yeteneklerinin, kendilerinden sonra gelen ve iş dünyasında yönetsel pozisyonlara hâkim olan X kuşağına göre çok daha gelişmiş olması. Şirketlerin, yeni nesil iç ve dış iletişimlerinde kaçınılmaz bir odak alanı olduğuna inandığım "hikâyecilik" konusuyla ilgili olarak 50+ çalışanlardan ciddi anlamda faydalanabileceğini düşünüyorum.

Benzer şekilde, 50+ çalışanların hikâyeci sandviç kuşaka mensup olmaları sebebiyle çok başarılı ve doğal "mentorlar" olmaları şirketler açısından çok önemli bir konu. Özellikle Y jenerasyonu liderliğinde mutlaka başvurulması gerekli bir kaynak olarak gördüğüm mentorluk sisteminde en başarılı mentorların 50+ çalışanlar olduğunu da bizzat deneyimliyorum.

BB DÖNEMİNDEN FÜTÜRİSTİK BAKIŞ

"Galat-ı meşhur, lugat-i fasihten evladır..."

Osmanlı Türkçesinde "Galat-ı meşhur, lugat-i fasihten evladır" şeklinde bir söz vardır. Bu söz, doğrusu bilindiği halde halk tarafından yanlış şekilde kullanılan kelime tercihlerini anlatır. "Galat-ı meşhur"a "meşhur yanlış" da denebilir. Kelime veya deyimlerin yaygın olarak yanlış bir biçimde kullanılması sonucu, zamanla bu yanlışlar doğruların yerini alır. Örneğin, yıkananlara ya da tıraş olanlara söylenen bir nezaket sözü olan "sıhhatler olsun"un doğrusunun ne olduğunu biliriz de, "saatler olsun" demeye devam ederiz. Sırf herkes öyle biliyor diye...

İngiliz romancı George Orwell distopya türünün dünyadaki en etkili iki örneğinden biri olduğuna inandığım *1984* romanında ustaca "galat-ı meşhur" oyunları yapar. Zaten distopyanın amacı budur; yanlışların doğruların yerini almasıdır. Distopya, daha yaşanır bir toplum yaratmak için verilen çabayı, gelecekte var olabilecek hayalî ideal dünyayı tarifleyen ütopyanın tam tersidir; bir karşı ütopyadır. Şarkıda söylendiği gibi, "ütopyalar güzeldir"; karşıtı ise bir o kadar berbat... Orwell'in kurmaca romanı *1984*'te totaliter bir tek partinin yönetiminde insanlar korku, propaganda ve beyin yıkamayla manipüle edilmektedirler. Halk, Büyük Birader (*Big Brother*) tarafından gözetlenmektedir. Büyük Birader her şeyin en iyisini bilir; halk adına o karar verebilir. Bu distopyada "Büyük Birader sevgisinden başka sevgi yoktur." Korku ve sevgi yer değiştirmiştir; öyle ki, insanlar korkuyu sevgi sanmaya başlar. Hiç kimse birbirine güvenmez. Bu distopyada gerçek ve yalan da iç içe geçmiştir; bunun sloganı ise şudur: "Savaş barıştır. Özgürlük köleliktir. Cahillik güçtür." *1984* romanında iki kere iki, beş ettiğine inanılması gereken bir denklemdir. Distopyanın devamlılığı için, meşhur yanlışlar tercih nedeni olmalıdır. Tam da bu yüzden, Orwell şöyle der: "Özgürlük iki kere ikinin dört ettiğini söyleyebilmektir. Eğer buna izin verilirse gerisi kendiliğinden gelir."

Romanın bundan 70 yıl önce yazıldığını dikkate alırsak, buna kendini gerçekleştiren kehanet de diyebiliriz. Ama George Orwell'in değil, esas Aldous Huxley'in kehanetinin gerçekleştiğini iddia edenler de vardır. Nitekim distopya türünün bir diğer şaheseri, Aldous Huxley'in *Cesur Yeni Dünya* isimli romanıdır. *1984*'ün çağdaşı olan bu romanda, *1984*'ün tersine derin bir yoksulluk hali görülmez, insanlık bolluğa kavuşmuş, hayat insan refahına göre düzenlenmiştir. Kuralları belli, kolay bir hayat yaratılmıştır. Ancak ne pahasına? Sevgi, aşk, paylaşım, aile gibi bireysel değer ve bağlardan inanç, kültür, sanat, edebiyat ve felsefenin özgür varlığına dek, her şeyden geçme pahasına... Tam da bu yüzden, Büyük Birader'e gerek de yoktur. *1984* romanında baskı ve yasaklarla insanların nasıl sindirildiği anlatılırken, *Cesur Yeni Dünya*'da kitapları yasaklamak gibi sindirme yöntemlerine gerek yoktur, çünkü artık kitap okumak isteyecek kimse kalmamıştır. *Cesur Yeni Dünya*'da bireyin düşünmesi istenmez; hatta birey olması istenmez. Güçlü hiçbir duyguya yer olmadığı için aşk, evlilik gibi kavramlar da yoktur. Kişilerin rahatlaması için haplar verilir. (Ama yanlış anlaşılmasın, bu haplar uyuşturucu değildir; bir haftaya kadar uzayacak şekilde tatile çıkmış hissi yaratan ve yöneticiler tarafından herkese dağıtılan hediyelerdir.) Orwell'in çizdiği distopyada bilgi ve düşüncenin insanın elinden alınması anlatılırken, Huxley'in distopyasında insanları vurdumduymazlığa sürükleyecek denli yoğun bir bilgi bombardımanından ve sürekli "rahatlama" teşviğinden bahsedilir.

Orwell ve Huxley'in bu eserleri ortaya koymalarının üzerinden dört kuşak geçti. Bu iki adam, bu dünyaya kehanetlerini bıraktı da geçti...

Onların metafor niyetine yazdıkları, bugün aklımızın duvarlarını yumrukluyor; duymalıyız. Goethe'nin davetine uyarak her gün bir parça müzik dinlemeli, iyi bir şiir okumalı, güzel bir tablo görmeli ve mümkünse birkaç mantıklı cümle söylemeliyiz.

Distopyalara direnmeliyiz...

DÖRDÜNCÜ BÖLÜM

X KUŞAĞI

X'E BAKMADAN ÖNCEKİ ADIM: DEPOLİTİZASYONU ANLAMAK

> "Toptan yararlı ve doğru, toptan zararlı ve yanlış kabul etmek; hem de peşin peşin! Depolitizasyonun en çürütücüsü, hatta tek çürütücüsü bu değilse, lütfen söyler misiniz, nedir?"
>
> Tarık Buğra

Depolitizasyon sürecinin postmodernizmle açıklanabilen bir politika olması sebebiyle, sanırım benim kuşağımın devraldığı mirası anlamak için ilk bakılması gereken başlık bu: Postmodernizm.

Postmodernizm yenilginin ve hayal kırıklığının ürünü olarak ortaya çıkmıştır. Burada kastedilen yenilgi sosyalizmin, onun teorik temelinde yer alan Marksizm'in yenilgisidir. 1960'lı yıllarda gelişen sol siyasetin başarısız olması ve devamında yaşanan siyasi olaylar bu yenilgileri oluşturur. Bu yenilginin en önemli sonucu ise dünyada yeni oluşan sisteme liberalizmin eşlik etmesi olmuştur.

Postmodern düşünceye göre insan, arzularının ve bilinçdışının tutsağıdır ve özsüz, temelsiz bir yapısı vardır. Postmodern anlayış sınıf ve çatışma olgusuna karşıdır. Bu şekilde insanların birleşik bir muhalefetten uzak durması telkin edilir. Neo-liberal küreselleşmenin "siyasetsizleştirme stratejisi" de diyebileceğimiz bu yeni siyaset tarzının amacı, toplumsal olarak muhalif faaliyette bulunulmasını engellemektir. Neo-liberalizmin nihai hedefinde insanları toplumsal ve tarihsel bağlarından koparmak ve kolektif eylemler önlemek vardır, nitekim bu da başarılmıştır. Bu konuyu en iyi siyaset bilimi profesörü Ellen Meiksins Wood özetler: "Aslında sözcüğün geleneksel anlamında, sınıfların ya da devletlerin ve onlara olan muhalefetin birleştirici gücüyle siyaset, kimlik siyasetinin kopuk mücadelesine, hatta 'siyasal olarak kişisel'e yer açmak için dışlanmıştır."

Benim kuşağım büyürken, politikalar bu anlayış ve istek çerçevesinde gerçekleştirildi. Bir yandan istikrarsızlık, bir yandan da egemen ideolojinin merkezsizlik ve yansızlık anlayışı insanları, neoliberalizmin korkutucu ve vahşi belirsizliğine bıraktı. Ayrıca korku, şiddet, vandalizm gibi mekanizmalarla yeni sisteme uyum sağlamaları kolaylaştırıldı. Toplumsal düzen parçalandı, toplumsal ilişki fikri gözden düşürüldü. İnsan, edilgen bir ajan olarak nitelendirildi. İnsanın etken olmaktan çıkarılmasıyla mücadele ruhu kırıldı ve bu ruhun yerini avuntu aldı.

İşte bütün bu politikaya "siyaset sonrası durum" deniyor. Siyaset sonrası durum, siyasetten arındırma (depolitizasyon) olarak tanımlanıyor. Siyasetten arındırma sadece kitlelerin karar alma mekanizmasının dışında tutulmasıyla da olmuyor; her türlü karar alma sürecinin kitlelerden uzakta gerçekleştirilmesi de bu durumu tanımlıyor.

Postmodern akımın ortaya çıktığı dönemde, yani 1980'lerde, dünyada 15 askerî darbe yaşanmıştır. Bu darbeler 1979'da Ekvator Ginesi'nde başlar, 1983'te Nijerya'da son bulur. Bu darbeler, toplumsal hareketlerden kopmuş, gerilemiş toplumlar yaratmıştır.

Türkiye'de 12 Eylül'e giden on yıllık süreçte siyasi, ekonomik ve toplumsal büyük bir karmaşa söz konusudur. Siyasi istikrarsızlık engellenememiş, Adalet Partisi hükümeti ve 71 Muhtırası'ndan sonra dört hükümet değişmiş, Ecevit başkanlığındaki CHP ve MSP koalisyonu 74'te başa gelmiş, sonrasında Milliyetçi Cephe hükümetleri kurulmuş, ardından ise iktidarın Bülent Ecevit ve Süleyman Demirel arasında gidip geleceği günler başlamıştır. Bu sürekli değişkenlik ve kontrolsüzlük yüzünden toplumsal çatışma dindirilememiş, sonunda olaylar Maraş Katliamı'na kadar uzanmıştır. Siyasi durumla birlikte ekonomik olarak yaşanan sıkıntılar da sürekli artış göstermiştir.

İşte Türkiye bu şartlar altında 1980 yılına girdi. Bu yılın ilk önemli olayı ise 24 Ocak Kararları'ydı; bu kararların ekonomik anlamda önemli özellikleri vardı. Mart ayında başlanan cumhurbaşkanlığı seçimlerinden sonuç alınamayacağı anlaşılınca siyasi olarak çıkmaza girildi. Toplumsal anlamda ise Çorum Katliamı gibi korkunç bir olay meydana geldi. Ülke tüm sıkıntıları aynı anda yaşarken, 12 Eylül 1980'de Kenan Evren'in önderliğinde askerî darbe gerçekleştirildi. "Bizim çocuklar" olaya el koymuştu.

Akan kanın durdurulacağı, siyasi tıkanıklığın son bulacağına inanılması gibi nedenlerle darbe halkın çoğu tarafından "iyi" karşılandı. Ancak akabinde gelen tutuklamalar, ev baskınları, işkencelerle darbenin gerçek yüzü anlaşıldı.

12 Eylül'ün ilk uygulamalarından biri, insanları ortak noktada buluşturup çatışmaları engellemek adına (!) halk üzerinde bir disiplin uygulamaya kalkışmaktı. Ülke bir anda büyük bir kışlaya döndü. "Tek yol devrim" sloganının yerini "Tek yol Atatürkçülük" aldı. Nurettin Ersin gençlere "Nutuk"u ezberleme çağrısı yaptı. Tüm siyasi örgütlenmeler, partiler ve sendikalar kapatıldı. Atatürkçülük zorunlu ders haline getirildi. Yaşanan olayların sebebi olarak insanların siyasete karışması görüldü ve herkes bundan uzak durmaya davet edildi.

İkinci uygulama ise din olgusunun ön plana çıkarılması oldu. İnsanlar dinleriyle uğraşacaklar, kendilerine dönecekler ve böylece tehlikeli işlerden uzak duracaklardı. Bu sayede hem kendi huzurlarını yakalayacaklar ve ülkeyi de huzura erdireceklerdi. Kenan Evren bizzat kendisi bile gittiği her yerde icraatlarını anlatıp kendilerini aklamaya çalışırken hadisler okuyordu. Bu hadislerle 12 Eylül'ü temize çıkarıyor, sözde huzur dağıtıyordu. Kenan Evren ve ekibi siyasetin karşısına daha güçlü bir imgeyi koymuşlardı: İslam.

Görüldüğü gibi 12 Eylül'ün en önemli iki uygulamasının ikisi de postmodern anlayışın istediği sonuçlara yöneliktir. Toplum siyasetten arıtılmıştır ve din gibi daha alt kimliklere ayrışmaya, bu kimlikler üzerine yoğunlaşmaya teşvik edilmiştir.

Diğer ülkelerdeki darbelerin de bu anlayış çerçevesinde gerçekleşmiş olması beklenebilir. Çünkü bu sonuçlar, toplumları siyasetten ve baskıya karşı mücadeleden uzak tutacaktır. Bu da merkez devletlerin bu üçüncü dünya ülkeleri üzerindeki denetimini kolaylaştıracaktır.

Yıl	**Ülke**
1979	Ekvator Ginesi
1979	Moritanya
1980	Burkina Faso
1980	Gine Bissua
1980	Liberya
1980	Somali
1980	Surinam
1980	Güney Kore
1980	Türkiye
1981	Polonya
1981	Orta Afrika Cumhuriyeti
1981	Gana
1982	Çad
1982	Bangladeş
1983	Nijerya

X KUŞAĞI KİMDİR?

"Bizim 68'imiz de bu herhalde!"

Kaybedenler Kulübü

1965-1979 yılları arasında doğanlar olarak varsaydığımız X kuşağı, kuşak döngüsünde bireyciliği temsil eden bir grup. Türkiye nüfusunun yüzde 20'sini oluşturan bu kuşağın çocukluktan yetişkinliğe geçiş süreci oldukça sancılı yıllara denk geliyor. Yeniden dünyaya gelme şansım olsa ve tercih hakkı sunulsa, sanırım jenerasyon araştırmacıları Strauss ve Howe'un kuşak döngüsünde Göçebe (*Nomad*) adını verdiği bu aralığı pas geçmek isterdim...

Araştırmacılara göre Göçebe döngüsünde dünyaya gelmek kuvvetli bireyselliği, baskın liderliği, tek başına ayakta durabilmeyi anlatıyor. X kuşağına dünyanın farklı bölgelerindeki kuşak araştırmacılarının verdiği pek çok isim var: "MTV kuşağı", "Ben (*Me*) kuşağı", "Boynunda anahtar olan çocuklar", Amerikan tarihinin 13. nesli olması sebebiyle "13. kuşak" ve bizim ülkede "Özal kuşağı" gibi...

Yıllardır yaptığım çalışmalardan edindiğim izlenimle benim de –naçizane– X kuşağına verdiğim bir ad var: *Survivor* kuşak! Popüler kültür ve malum yarışma sayesinde, artık bu sözcüğün de anlamını bilmeyen kalmamıştır herhalde. *Survivor* yani her halükârda ayakta kalabilenler!

Türkiye'nin X kuşağı büyürken serbest piyasa kapitalizminin ayak sesleri iyiden iyiye duyulmaya başlıyordu. Postal seslerinin karıştığı çocukluktan, duvarları pop şarkıcılarının posterlerinin süslediği bir gençliğe geçen kuşak benim kuşağım; daha renkli, daha fazlasının mümkün olduğu, daha rekabetçi bir dünyayla tanışan... İlk renkli televizyonu, ilk cep telefonunu, ilk e-postayı bu kuşak deneyimliyor; bu kuşağın gençliğinde önceki dönemde Türkiye'de 9 olan üniversite sayısı 53'e fırlıyor; önceki kuşakta 3000 olan üniversite mezun sayısı ise 33.000 oluyor. Ve onun artık fark yaratması gerekiyor. Daha çok çalışması, daha erken başlaması, daha geç bitirmesi, eve daha çok iş götürmesi, hep daha fazla olması, daha fazla yapması gerekiyor. Paraya daha fazla odaklanan bu kuşağın kadınlarının da işgücüne daha fazla katılmaya başlamasıyla X jenerasyonu daha az çocuk sahibi olunan bir dönem olarak tarihte yerini alıyor. X jenerasyonunun işe dair tutumunu şu sözcükler özetliyor: "Yaşamak için çalışmak!"

Bana sorarsanız, organizasyonel iklimde de günlük yaşamda da birbirine 180 derece açı yapan iki kuşak var. Evet, doğru bildiniz! Kuvvetli bireysellik ve baskın liderlik anlayışlarıyla en sevdiği sözcük "sorumluluk" olan X kuşağı ve haz alma odağını en çok kalabalık gruplar içinde besleyen ve favori kelimesi "keyif" olan, ilerleyen bölümlerde daha yakından inceleyeceğimiz Y kuşağı. Tam da bu sebeple, aynı şeyi söylerlerken bile, birbirini sık sık yanlış anlarken ve yargılarken bulabiliyoruz onları.

Buradan hareketle, kuşaklar arası etkili ilişkiyi (dikkat ederseniz iletişim değil, ilişki diyorum; çünkü bu yüzyılda esas mesele iletişim değil ilişki kurmak; birbirimize ilişmeden yaşama sanatının ustası olmak üzereyiz zira) tesis edebilmek için salt Y kuşağını anlamak yeterli değil. Türkiye nüfusunun yüzde 19'unu oluşturan ve bugünkü iş yaşamında önemli ölçüde liderlik koltuklarında gördüğümüz bir X kuşağı var. Öyle bir kuşak ki, dünyanın çok çeşitli coğrafyalarında hep "Başarılı olursan mutlu olursun" diye beslenmiş, gelinen noktada ise kendini hep inisiyatif almak, fark yaratmak, lider olmak ve önce kendiyle rekabet etmek durumunda bulmuş. Öyle bir kuşak ki, iş yaşamındaki ilk döneminde duygusal davranmanın iyi bir şey olmadığına dair geribildirim almış, duygularını kapının önünde bırakması istenmiş. Ve yıllar geçmiş, demişler ki ona, "Şimdi gündem 'duygusal zekâ'! Hadi, hep birlikte duygularımızı kullanmayı öğreneceğiz!" Buna da tamam demiş bu kuşak ve o işin de en iyisi olmak için çok çalışmış. Yine iş yaşamının ilk döneminde işyerinde ciddi olmayı öğrenmiş; gülmeyi, eğlenmeyi iş dışına bırakmış. Sonra bir zaman gelmiş ve bu kuşağa demişler ki, "Şimdi gündem 'işte eğlence'! Hadi, hep birlikte eğlenmeyi öğreneceğiz!"

Ancak her jenerasyon kendi yaşam parçacığını taşıyor. O kara parçasında, bir döneme ait hikâyeler, gerçekler, tabular, duygular var. Bunları değiştirmek gayreti ancak beyhude bir çaba olur. Asıl olan, bu parçaların dokusunu bozmadan, birlikte nefis bir "takımada" oluşturabilmek. Mümkün mü? Bence mümkün!

İSMİN KADERİNDİR...

Nomen est Omen...

Latince bir deyiş var, *Nomen est Omen* (İsmin kaderindir). Maarif müfettişi babamın ismimi Evrim koymasındaki etkiden bilirim; bu söz gerçektir.

Benden tam 50 yıl önce bir başka maarif müfettişinin çocuğu olarak dünyaya gelmiş Can Yücel –nam-ı diğer Can Baba– ile tanıştığımda daha on dokuzumdaydım. 1995 ilkbaharıydı. Türkiye'nin siyasi tarihinde bir kırılma noktası olan 27 Mart Yerel Seçimleri'nin üzerinden henüz bir yıl geçmişti. Dönemin Refah Partisi'nin zaferle çıktığı o seçim, İstanbulluları ve Ankaralıları evvelce görmeye alışkın olmadıkları profilde birer belediye başkanıyla tanıştırmıştı. Sadece ben mi toydum yoksa ülkece mi öyleydik bilmiyorum, ama misal çöp kutularından oy pusulası çıkması hikâyesiyle ilk kez karşılaşmıştık. O dönem DYP-CHP koalisyonuyla yönetiliyorduk. Sanatın içine tükürülmeye yeni başlanmıştı; ancak eserler henüz ucube ilan edilmemiş, nü heykeller bodrumlara hapsedilmemişti. Hatta dünyaca ünlü heykeltıraşımız İlhan Koman'ın Seğmenler Parkı'ndaki heykeli henüz sırra kadem basmamıştı.

1995 ilkbaharında, bir dönem Ankaralıların gururu olan Altınpark'ta, TÜYAP Ankara Kitap Fuarı'nın ikincisi düzenleniyordu. Kültür Bakanı Ercan Karakaş tarafından açılışı yapılan fuar, o yıllarda henüz duymasak da yeni Türkiye'nin ayak seslerinden haberdar ediyordu bizleri. O yıl ana teması, "düşünce ve açıklama özgürlüğü" olan Ankara Kitap Fuarı, bu temaya çok yakışır yazarlara ev sahipliği yaptı. Aziz Nesin'in önündeki upuzun kuyrukta sabırla bekledim; çocukları ve gençleri çok seven Aziz Dede o gün neden o kadar somurtkandı hep merak ettim. İlhan Selçuk'un keskin bakışları, Toktamış Ateş'in gülen yüzü o Ankara baharından aklımda kalanlar oldu. Hepsi ışıklar içinde uyusun... Ancak Ankara'nın kitap şenliği sadece imza günlerine değil, söyleşilere de ev sahipliği yapıyordu. İşte Can Yücel bu söyleşilerden birinde şöyle dedi: "Kitapsız bir millet oluyoruz!"

O nisan gününün en uzun kuyruğu tartışmasız Can Baba'nın imza masasının önündeydi. Şiirin can damarı, olanca yalınlığıyla oradaydı; dostları, kitapları, içeceği, okurları ve "burjuvazinin ağzında lağım çukuru" ama onun "ağzında açan çiçek" olan küfürleriyle... Sıra bana yaklaştıkça kalbim daha hızlı çarpıyordu ve sanki Can Baba daha da büyüyor, büyüyor, devleşiyordu; bense küçülüyor, küçülüyor, minicik kalıyordum. Ve işte karşısındaydım.

Ne kadar çok elimiz varmış meğer!
İlkin, senin elinle tutuşan benimki
Sonra çocuklarınki
Gençlerinki
Tekel İşçilerininki
Sonra, ellerin elleri...
Ne kadar çok elimiz oldu, baksana
Tutuşa tutuşa
Bir orman yangını gibi!

Bu dizeleri taşıyan çok sevdiğim *Canfeda* kitabını imzalaması için uzattım. "İsmin ne kızım?" dedi. "Evrim," dedim. Kitabı imzalamaya başlayan Can Baba, baktım ki aheste bir ısrarla Devrim yazıyor. 19 yaşımın tüm telaşıyla uyardım dev adamı, "Hayır, hayır!" dedim, "Devrim değil, ismim Evrim." Hiç oralı olmayan Can Baba bir kuyumcu ustası titizliğiyle bitirdiğinde imzayı, şu yazıyordu epigrafta: *"Devrim için Evrim'e aşk..."* Kitabımı bana uzatırken şöyle dedi Can Yücel: "Ne yapayım kızım, benim aklım devrimde!"

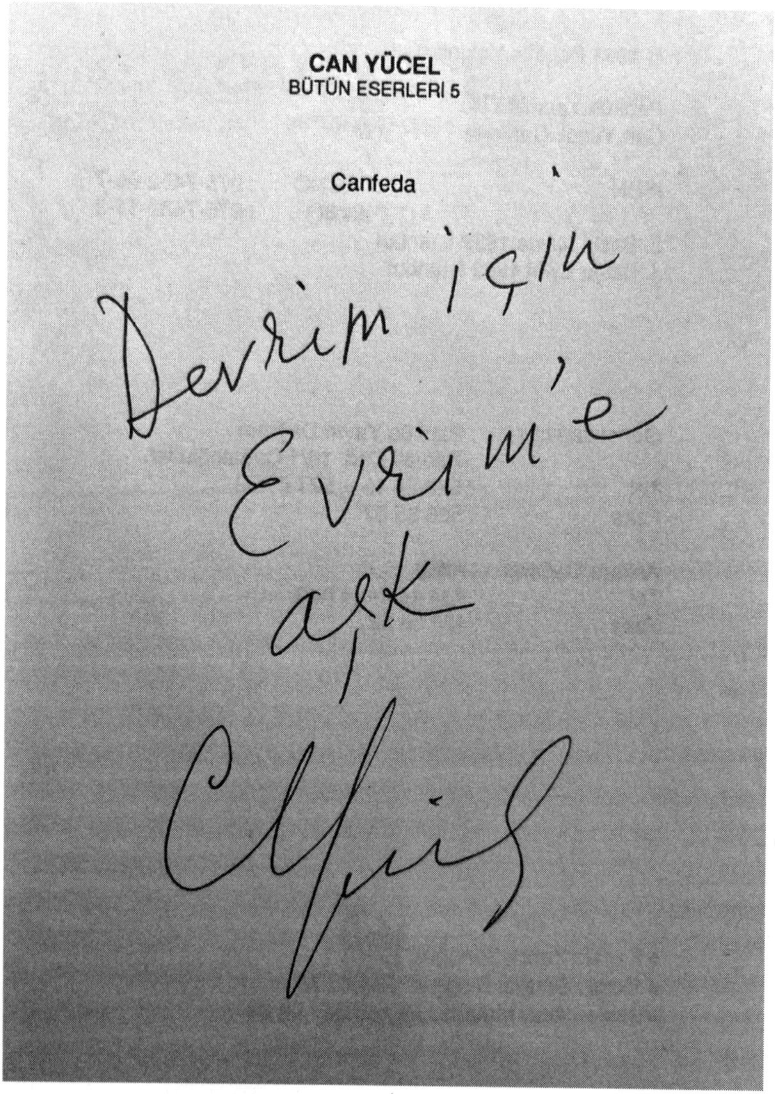

BİR KUŞAĞIN UNUTTUĞU SÖZCÜKLER

"Biz evvela kelimeleri öğreniriz. Sonra yaşadıkça teker teker manalarını..."

Ahmet Hamdi Tanpınar

"Biz evvela kelimeleri öğreniriz," der Ahmet Hamdi Tanpınar, "sonra yaşadıkça teker teker manalarını." Bende de tam olarak böyle oldu. Neredeyse tamamı küçükken saç fırçasını mikrofon yapmış şarkıcılar misali, benim de kelimelerle aşka düşmem ilk ses çıkarmaya başladığım yıllara dayanır. Bir logofil –yani kelimesever– haline geliş tarihçemde ilk hatırladığım, üç-dört yaşlarındayken öğrendiğim "itibaren" edatını cümle içinde kullanma gayretim ve bir türlü doğru telaffuz edemeyişimdir. Sözcükler arasında anlam ilgisi kuran kelimeler olmaları hasebiyle edatlara ilgim hep derin olmuştur.

Yedi yaşıma geldiğimde Türk sinemasına "Türkân Şoray Kanunları"nı yıkmasıyla ses getiren bir bomba düştü. Can Gürzap ve Türkân Şoray'ın *Metres* filmine bir okul çıkışı annem ve arkadaşlarının arkasına takılıp gittiğimi hatırlıyorum. (Bizim zamanımızda bakıcı, etüt ve benzeri müesseseler olmadığından, annemin beni bırakacak yer bulamaması sebebiyle katıldığım muhtelif yetişkin etkinliklerinden sadece biriydi bu.) Film boyunca dönüp duran Selami Şahin'in

"Seninle Başım Dertte" şarkısını matine çıkışı ezberlemiştim bile. Ama en önemlisi kelime hazneme yeni bir sözcük daha katmıştım ve derhal cümle içinde kullanmalıydım. Kullandım da. Yedi yaşında bir çocuğun "metres" sözcüğünü anlamsız bir bağlamda araya sıkıştırması toplum tarafından hoş karşılanmadı tabii. En çok da annem tarafından. Şaplağı yediğimde anladım ki kelimeler mühimdiler.

O yıllar çocukluğumun tek kanallı televizyonunda Gülgûn Feyman'ın, İdil Öztamer'in, Mesut Mertcan'ın, Orhan Ertanhan'ın tane tane kelimeleriyle, radyo tiyatrosunda dinlediğim Yıldız Kenter'in, Müşfik Kenter'in, Şükran Güngör'ün arı duru Türkçesiyle terbiye oldu bu kulaklar. Radyo tiyatrolarının bitiminde bir anons vardı ki her duyduğumda kalbim yerinden fırlayacak sanırdım: Efektör Korkmaz Çakar! Bu nasıl ihtişamlı bir unvandı Allahım! O benim gizli kahramanımdı. Çocukluğum efektör olmanın yollarını düşünerek geçti.

Renkli ve çok kanallı televizyonlara geçiş çok hızlı oldu. "Hey, dostum! Senin derdin ne adamım?" replikleri Amerikan rüyamıza can verdi. İlkin pek popüler televizyon kanallarında altyazılardaki kelimeler gücendi. Derken, "hakem"ler "haaakem" oldu, cinnet getirenler "cinnet geçirmeye" başladı, sırf kulağa hoş geliyor diye "umursamaz" yerine "umarsız" geldi kondu. Güzel Türkçedeki yüz bin kelimeden kabaca yüz tanesi bir ömrü geçirmeye yeter oldu.

Oha falan olunan ve buna çok gülünen dönemlerden bugünlere "başıma bişi gelmicekse"ler, "o diil de"ler Türkçenin yeni bağlaçları oldu. Çoktan vefat eden noktalama işaretleri bir yana, dilin süsü olan o şahane metaforlar yerlerini tamamı sessiz harflerden oluşan sembol yığınlarına bıraktı. Sonra "ofansif mizah" denen bir kavram çıktı karşımıza. Diğerlerinin acıları, yaraları, dezavantajları 140 karakter arasında, seri şakalara hammadde oldu. Çünkü fenomen olmak bunu gerektiriyordu. Oysa ironi ne ince bir sanattı; okur olmadan yazar olanların mezbahalarında murdar oldu. Çağın en önemli yetkinliği diye tanımlanan "eleştirel düşünce" ile kuşkusuz bu dibi sıyrılmış vasatlık kastedilmiyordu.

Her şey dehşet verici bir süratle yozlaşıyordu; en hızlısı kelimeler oldu...

Nâzım'ın Piraye'ye seslendiği gibi:

"Bu geç vakit bu sonbahar gecesinde kelimelerle doluyum / Zaman gibi, madde gibi ebedî, göz gibi çıplak, el gibi ağır ve yıldızlar gibi pırıl pırıl kelimeler."

Sevdiğim kelimeleri değil cümle içinde, hayatın içinde de az kullanır olduğumuzu fark ettim nicedir... Kelimelerimiz insandır ve o kelimeler ki düşlere yol olur bazen, bazen de yaralara merhem. Şimdi izin verirseniz, buraya o kelimelerden bir tutam bırakacağım sevgili okur; lazım olur.

Müteşekkir: Teşekkür eden, minnettar.
Diğerkâm: Kişisel yarar gözetmeksizin başkasına yararlı olmaya çalışan.
Yâren: Yakın arkadaş. Sıkı dost.
Vefa: Sevgide bağlılık.
Vicdan: İnsana doğruyu ve iyiyi gösteren içsel pusula.

TOPLUM TÜFTÜFLERİ

Şimdiki çocuklar pek bilmez ama biz küçükken sevdiğimiz bir ev yapımı oyuncağımızdı tüftüf. Kâğıtlardan ince külah şeklinde sivri uçlu fişekler yapar, kesilmiş plastik elektrik borularına yerleştirir, nefes gücümüzle tüf diye üfler ve hedefi vurmaya çalışırdık. Fişek yapımı için ebat ve kâğıt kalitesi itibarıyla en uygun malzeme saatli maarif takvimi yaprakları olduğundan, rahmetli büyükbabamın takviminden vaktinden evvel sayfa koparma alışkanlığım tamamen söz konusu malzeme ihtiyacımdan kaynaklanırdı. Sonuç odaklı bir tüftüf oyuncusu, külah biçimli fişeği sarmanın özen istediğini bilirdi; bu sebeple sarma işleminden sonra külahın açık kısmını borunun çapına denk gelecek biçimde yırtar ve sürece hazır hale getirirdi. Borunun çapından daha büyük bir külah kullanılırsa, "şişti" diye tanımladığımız durum gerçekleşirdi ki gerek çıkan ses gerekse sonuca ulaşamamak itibarıyla bu durum madara olduğumuzun göstergesiydi. Mahallede bir miktar acımasız tüftüf savaşçısı da yok değildi. Ben hiçbir zaman onlardan olmadım. En fazla külahın ucunu kendi imkânlarımla sivriltmişimdir; ama tüftüfe iğne takan kötü kalpli çocukları hep kınadım.

O çocuklar, çocuklukta kalacak sandım. Yetişkinliğe iğne uçlu tüftüfleriyle geçeceklerini bilemedim.

"Toplum tüftüfleri" lafını yeni neslin en sevdiğim çizerlerinden Cem Güventürk'ten duydum. Cem'in çocukluk hayallerimizi isabet alan sivri uçlu gerçekleri resmettiği çizgilerini gördüğümde, iğne uçlu tüftüflerin hiç de çocukluğumda kalmadığını fark ettim.

Z kuşağına mensup oğlum Ali, futbolcu ve karikatürist olmak istiyor. Borusu sağlam bir toplum tüftüfünün bu hayale isabet alıp onu istemediği bir hayatın başrolüne hazırlaması çok zor olmaz. Onu bu zalimlikten korumaya çalışsam da, bir anne olarak toplum tüftüfü olmamak için de çaba sarf etmem gerekiyor. Geçen gün, "Ödevini bitirdin mi?" diye sorduğumda, "Ödevin öğrenmeye katkısı yüzde 1," cevabını verdiğinde "tüf" diye balonunu patlatırdım da, kendimi zor da olsa tuttum.

Toplum tüftüfleri hayatınızın her evresinde, karşınıza türlü kimliklerde çıkabilirler. Nefesleri kuvvetli, külahları sivridir. İsabet konusunda uzman olduklarından düşlediklerinize, düşündüklerinize, inandıklarınıza tüf diye nişan alır, sizi bu yaşamda yükselten o rengârenk balonlarınızı söndürür ve sizi, size en uygun toplumsal deliğe yerleştirirler.

Toplum tüftüfleri hayatın gerçekleri cehenneminin zebanileridir. Sizin için en doğruyu onlar bilirler. Ne yemeniz gerektiğini, nasıl yaşamanız gerektiğini, hangi işi yapmanız gerektiğini, ne zaman üremeniz gerektiğini kimi seçmeniz gerektiğini en iyi onlar bilirler. Toplum bu tüftüfler çok bilir.

Kılıkları tek tip, hayatları klişedir, ama çeşitlilikten en çok onlar bahsederler.

Vicdanları bulanık, idrak yolları tıkalıdır, ama empatiden en çok onlar bahsederler.

Fikirlere kapalı, geleceğe miyopturlar, ama yenilikten en çok onlar bahsederler.

Toplum tüftüfleri için bahsetmek kolaydır. Sözcükleri bol kesedendir. Ancak eylemsizlikleri o denli bağırır ki söylediklerini duyamazsınız.

Yakın zamanda bir toplum tüftüfüyle karşılaşırsanız size biçtikleri kaftanları fırlatın kafalarına, gitsinler. Ağzınıza çaldıkları bir parmak balı tükürün suratlarına, kaçsınlar. "Tüf!" deyin, geri bassınlar.

Kendinizi ve sevdiklerinizi toplum tüftüflerinden itinayla sakınınız.

BEŞİNCİ BÖLÜM

Y KUŞAĞI

KİMDİR BU Y'LER?

"Gençliğin bağlarını çözün, böylece gençlikle birlikte
yaşamı da kurtarmış olacaksınız."

Nietzsche

Y kuşağı, 1980-1999 yılları arasında doğduğu kabul edilen kuşağa verilen isim. 7,8 milyarlık dünyanın yüzde 30'u, yaklaşık 85 milyonluk Türkiye'nin yüzde 31'i bu kuşağa ait. Bir başka deyişle, Avrupa'nın pek çok ülkesinin toplam nüfusundan daha fazla sayıda Y kuşağı bireyi barındırıyor bu topraklar. Bu kuşağın büyüdüğü yıllar, dünya Körfez Savaşı, 11 Eylül gibi olaylarla didişirken ülkemizde de refah ve kriz dönemleri iç içe geçmişti.

Bu yıllar, internet, iPod, Playstation eğlencelerinin hayatımıza girdiği yıllar. Dünyanın evvelce hiç karşılaşmadığı baş döndürücü bir hız ve dehşet verici meydan okuyuşlarla buluştuğu yıllar. İşte bu zorlayıcı bağlamın misafirleri olan Y kuşağı, önceki kuşak gibi sonuç odağında kalmak değil, sürecin de tadını çıkarmak isteyen, saygının hak edene sunulması gerektiğine inanan, içinde bulunduğu topluluğu etkileme ve onlardan etkilenme eğilimi yüksek, harekete geçmek için anlam arayan, eşzamanlı olarak birkaç işi birden yapabilen, teknolojiyi çok iyi kullanan, kariyer yaşamları boyunca on kereden daha fazla iş değiştirebilecekleri öngörülen ve dahi iş bulmadan işten ayrılabilen, kısaca hem gündelik yaşamın hem de iş yaşamının kodlarını yeniden yazan bir kuşak.

Ne vakit Y kuşağının önceki kuşaklara göre ayırt edici özelliklerinden konuşsak "Canım olur öyle, biz de gençken böyleydik; büyüyünce geçer" yorumlarıyla da karşılaşıyorum. Kuşakların belirli örüntüleri olduğunu ve bunun da büyünce geçecek bir hal olmadığını düşünüyorum. Bu bir varoluş. Kimilerince sempati duyulmasa da empati duyulması gereken bir varoluş. Hem genç profesyonellerle hem de daha ileri yaş ve deneyimde olan profesyonellerle son yıllarda sıkça gerçekleştirdiğimiz değerler araştırmalarında (ki Türkiye'nin çok çeşitli bölgelerinde yaptığımız çalışmalardır) önceliklerin birbirinden ne kadar ayrıştığını net bir biçimde gözlemleyebiliyoruz. Y kuşağında baskın biçimde öne çıkan değerler; aile, adalet, sağlık gibi temalarken, önceki kuşakta karşımıza daha çok başarı, performans, en iyi olma gibi kavramlar çıkıyor. Bu analizi bence şöyle okumak mümkün; X kuşağı, "Önce başarılı olayım, sonra zaten mutlu olurum," diyor. Y kuşağı ise gerçek yaşamın dokusunun korunduğu, önce mutlu olduğu ve insan olarak hak ettiği değeri gördüğünü düşündüğü bir ortamda var olmak istiyor. "Başarılı olmak için önce mutlu olmam lazım," diyor. Sebebi çok açık: İnsan kendinde olmayanın peşindedir. Ve bu kuşak duyguların epeydir unutulduğu, çok acımasız bir dünyada kendine yer bulmaya çalışıyor.

2025 yılına geldiğimizde tüm dünyada toplam çalışan nüfusun yüzde 65'inin Y jenerasyonuna mensup kişilerden oluşacağı öngörülüyor. Yani ekonomiye can verecek olan kuşağın kim olduğu belli. Dünya çapında yapılan Y kuşağı araştırmalarının işaret ettiği önemli bir konu şu: Bölgesel farklılıkların en minimal olduğu kuşak Y kuşağı. Türkiye'nin Y kuşağına bakıldığında da dünyadaki –özellikle de gelişmiş Batı ekonomilerindeki– Y kuşağıyla aralarında çok da dramatik farklılıkları olmadığını görüyoruz. Ancak yıl aralıklarında belirgin bir farklılık var. Batı'da araştırmacılar Y kuşağını 1975'lerde başlatabiliyorlar; zira eve ilk bilgisayarın girdiği yılları baz alıyorlar. Bizde ise 1980'den önce kuşak geçişi olması mümkün değil; hatta ancak 1985'ten itibaren belirgin Y hareketlerini gözlemleyebiliyoruz. Kuşağın bitiş yılı olarak ise 1999'u varsayıyoruz.

Hangi yılda başlar, nerede biter tartışmalarını bir kenara bırakıp, nüfusunun yarısı 31 yaş altı olan ve 25 milyondan fazla Y kuşağına yuva olan Türkiye'de gençlerin gündeme alınmayan sorunlarına bakıp, onları anlamaya çalışmak daha yerinde bir tavır olacaktır diye düşünüyorum.

NEDİR BU Y KUŞAĞININ DERDİ?

"Bugünlerde gençler kontrolden çıkmış durumda. Kaba bir şekilde yemek yiyorlar, yetişkinlere karşı saygısızlar, ebeveynlerine karşı çıkıyorlar ve öğretmenlerini sinirlendiriyorlar."

Aristoteles, MÖ 350

Benim gibi 40'lı yaşlarını eda edenler bilirler; bizim zamanımızda Twitter mivıtır yoktu. Şöyle bir ağzımızın tadıyla CAPS yapamadık, ama çok mühim bir mizah aracımız vardı: Graffiti. Renkli, esprili bu duvar yazılarının kitapları bile basıldı. İşte o analog günlerin en sık müracaat ettiğimiz graffiti klişelerinden biri şuydu: Beni bir sen anladın, sen de yanlış anladın!

Anlamamak normaldir. Anlamış gibi yapmak ise fena. "-mış gibi" yapanlar için etiketlemek, kategorize etmek, ayrıştırmak bir nevi ata sporudur. İşbu sebeple, bizimki gibi toplumlarda bir konu azıcık popüler olmaya görsün, bir makale okuyan uzman, iki makale okuyan bilirkişi, üç makale okuyan ise guru olur. Hal böyle olunca da, paradigmalar krallığını ilan eder, bir milyon tane doğru bilinen yanlış birbiri ardına eklenir, çok mühim bulduğum jenerasyon meselesi de bu anlam erozyonundan payına düşeni alır. Bir nesli anladığımızı zannederiz, yanılırız. Halbuki yaptığımız önyargıları tespih yapıp sallamaktır.

Bir nesli anlamak için, hayata ideolojik kulelerimizden değil, o kuşağın gerçeklerinden bakmalıyız. Benim bu yaşamda kendime biçtiğim görev de kendi neslinden olmayanları hızlıca yargılayanları o gerçeklerle buluşturmak. Çünkü gerçekleri söylemek dostluktandır.

Uluslararası Gençlik Vakfı'nın 2017 Küresel Gençlik Refah İndeksi'ne göre Türkiye'de gençlerin yüzde 72'si yaşamlarını çok stresli buluyor. Bu oranı yüzde 49'luk küresel ortalamayla karşılaştırır ve ülkemizin liste başı olduğunu dikkate alırsak belki zor beğenen, şımarık, kararsız ve benzeri etiketlemeleri kolayca kondurabildiğimiz gençlerimizi anlamak yolunda ilk adımı atabiliriz.

YAŞAMLARININ ÇOK STRESLİ OLDUĞUNU BELİRTEN GENÇLER

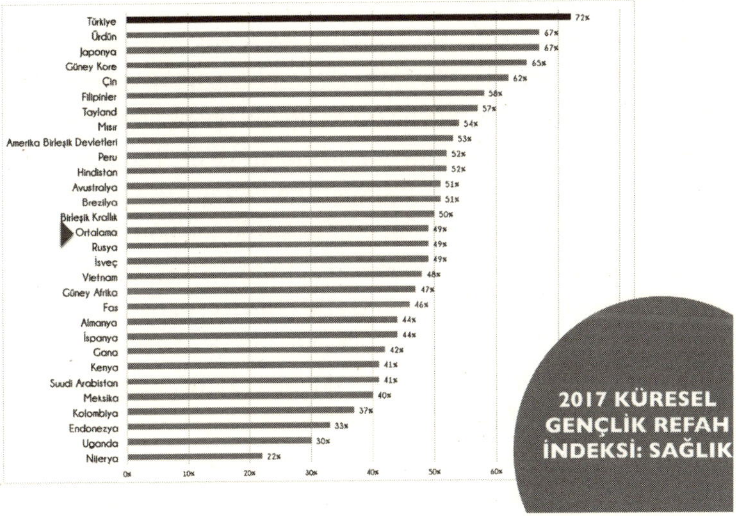

Kaynak: R., Sharma, L., Henneman, A., Qadri ve L., Vignoles, *2017 Global Youth Wellbeing Index*, International Youth Foundation.

Türkiye'de 207 üniversite bulunuyor. Sekiz milyon üniversite öğrencisi var. Her yıl bir milyon üniversite mezunu verdiğimizi de ekleyecek olursak, paçalarımızdan bilim sızıyor, her köşe başından yetenek fışkırıyor olması lazım. Ama işin aslı öyle değil. Artık ülkemizde yetenek dendiğinde yanına kıtlık sözcüğünü de eklemek gerekiyor. Aslında yetenek kıtlığı küresel bir dert. Yani kurumların ihtiyacı olan nitelik ve etkinlikteki işgücüne erişimde tüm dünyada sıkıntılar yaşanıyor. Manpower raporlarına göre 2021 itibarıyla küresel yetenek kıtlığı oranı yüzde 69'a erişti. Türkiye'de ise durum daha vahim. Türkiye –olanca genç nüfusuna rağmen– aradığı yeteneğe kolay erişemeyen ülkeler içinde yüzde 83'lük bir oranla dikkat çekiyor. Üstelik her yıl yetenek kıtlığı oranımız yükseliyor. Yenilikçi kurumlara sahip olmak, geleceğe ulaşmak ve bunu sürdürülebilir kılmak için genç yeteneklere ihtiyacımız var. Ancak, ülkemizde Y kuşağının sadece yüzde 18,8'i yükseköğretim mezunu. Gelişmiş ülkelerde bu oranın yüzde 40 civarlarında olduğunu da unutmadan ekleyelim.

Bir ülkenin gelişmişlik ve refah düzeyini gösteren en önemli ölçeklerden birinin NEET olduğunu düşünüyorum. Geçtiğimiz on yılda, dünya genelinde yürütülen çalışmalar, gençlerin harekete geçirilmemiş potansiyellerine daha yakından bakmaya başladı. İşsizlik ve aktif olmamaktan kaynaklanan eğitimsizlik gençlerin toplumdaki konumlarının risklilik halini ölçen çok önemli bir referans. İşte NEET tam olarak bu ölçeğin adı; istihdam ve eğitim ortamında olmayan gençleri anlatan bu ölçümlere "NEET göstergesi" deniyor.

Türkiye İstatistik Kurumu (TÜİK) verilerine göre, 2020 sonu itibarıyla "ne eğitimde ne istihdamda" (NEET) olan gençlerin oranı yüzde 28,3'e yükseldi. (Kadınlarda bu oran çok daha yüksek: Yüzde 35,7. Bu bahiste, işgücü piyasasında gitgide artan ve 10 milyonu geçen kayıt dışı emek oranını da not edelim.) TÜİK, veriyi bu biçimde derlerken OECD (Türkiye'nin de kurucu üyelerinden olduğu Ekonomik İşbirliği ve Kalkınma Örgütü) göstergeleri daha az iyimser. OECD'ye göre Türkiye'de ne iş ne de eğitim ortamında olan gençlerin oranı yüzde 30'a çok yakın ve bu listede Güney Afrika, Kolombiya ve Brezilya'dan sonra dördüncü sıradayız.

Hepimizin kendimize ve birbirimize sormamız gereken bir soru var: Bu gençler eğitimde değil, istihdamda değilse peki nerede?

15-29 YAŞ ARASI
İŞ VE EĞİTİM ORTAMINDA BULUNMAYAN GENÇLER

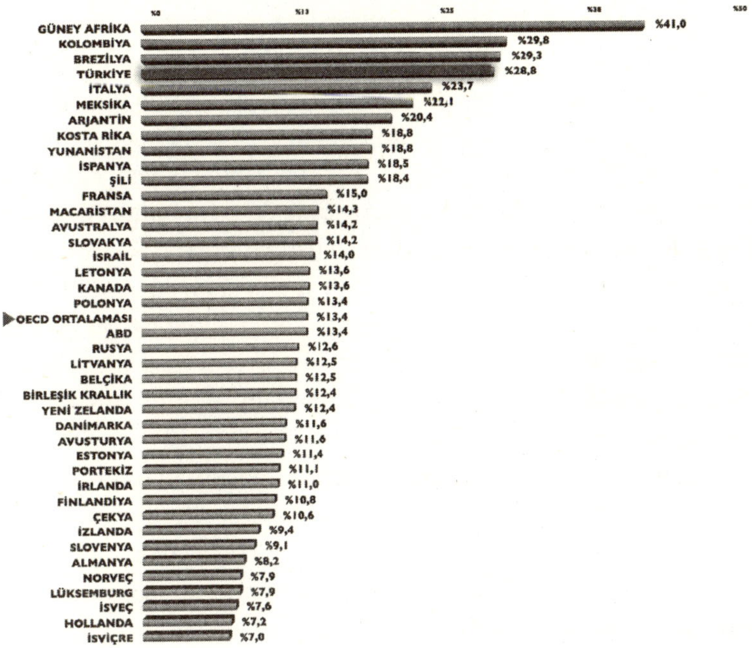

Kaynak: OECD, Education at a Glance 2021, OECD Publishing, Paris, 2021.

Türkiye'de sadece yükseköğrenim mezunlarına bakıldığında da genç işsizliği oranı çok yüksek; bir milyonun üzerinde yükseköğretim mezunu işsiz var. Aslına bakarsanız iş bulamayan da dertli, bir işi olan da. Her yıl 61 ülkede milyonlarca gençle yaptığımız Universum İşgücü Mutluluk İndeksi'nde, çalışan gençleri memnuniyet seviyelerine göre dört bölümde ele alıyoruz: İşini sevmediği halde bir yere kımıldayamadığından "çıkmazda" olanlar; işini sevmeyen ve daha iyisinin peşinde "arayışta" olanlar; işini sevse de daha iyisi vardır diye etrafa bakındığından "dalgalı" olanlar; işini seven ve arayışı olmayan "memnun"lar. Bu kadranda Türkiye'nin çalışan gençlerinin yer aldığı bölüm "çıkmazda". Şaşırtıcı değil ki, 2021 yılında yaptığımız çekici işverenler araştırmasında (Universum – Most Attractive Employers of Turkey) ülkemizde dört yıldır çalışan gençlerin işlerini arkadaşlarına büyük bir memnuniyetle tavsiye etme oranı yüzde 19 olarak gerçekleşti.

Türkiye gençliğinin gündeme alınmayan dertlerinden bir diğeri de eğitimi yarım bırakma sorunu. Avrupa İstatistik Ofisi verilerine göre Türkiye'de 18-24 yaş aralığındaki gençlerin yüzde 28,7'si eğitimini terk ediyor. TÜİK verilerine göre daha detaylı bir anlatımla, 15-19 yaş grubunun yüzde 28'i, 20-24 yaş grubunun yüzde 66'sı eğitimini belirli bir noktada yarım bırakmış. Okulu bırakma nedenlerini incelediğinizde karşımıza vahim bir tablo çıkıyor: Eğitimini yarım bırakmış olan gençlerimizin yüzde 30'u toplumsal değerler sebebiyle okuldan ayrılmış, ki bu istatistiğin büyük bölümü genç kadınlardan oluşuyor! Yüzde 29'u gelir yetersizliği, yüzde 28'i başarısızlık ve ilgisizlik yüzünden eğitimini yarım bırakmış. Bu rakamların ülkenin her seviyesinden liderin, ebeveynin, yasa koyucunun, politika üreticisinin, eğitimcinin, hepimizin aklının duvarlarını yumruklaması gerekiyor.

Dünya genelinde yaptığımız gençlik araştırmalarının önemli bölümlerinden biri de, öğrenci gençleri kariyer profillerine ve hedeflerine göre incelemek. Bu analizlerde yıllardır dikkatimi çeken birkaç nokta var: Universum En Çekici İşverenler Araştırması, dünyanın 61 ülkesinde 1,5 milyondan fazla genci beş başlıkta profillerine göre sınıflandırıyor: Prestijli ve yetkinlikleri ödüllendiren bir iş ortamında belirli bir kariyer yolu izlemek isteyen, adaptasyonu yüksek "kariyerci"ler; sürekli yaratıcılık gerektiren, değişken ortamlarda bulunmaktan haz alan, çözüm odaklı "girişimci"ler; dengeli bir yönetim anlayışı olan bir şirkette, takım çalışması olan bir iş ortamında bulunmayı tercih eden, sorumluluk duygusu yüksek ve sadık çalışanlar olan "uyumlu"lar; şirketin etik değerlerini ve sürdürülebilirlik yaklaşımını önemseyen, iş yapma biçimi vizyonu ile örtüşen şirketlerde çalışmak isteyen "idealist"ler ve uluslararası çevrelerde bulunmayı, çokuluslu şirketlerde çalışmayı, yabancı ülkelere seyahat etmeyi önceliklendiren "çokulusçu"lar. 100.000'e yakın gençten toplanan içgörüleri analiz eden 2021 araştırmasına göre Türkiye'de en az karşımıza çıkan profil "girişimci"ler. Bizdekinin tersine, bu profil Avrupa ülkelerinde ve ABD'de en sık rastlanan profillerden. Aynı şekilde idealist ve uyumlu profillere de ülkemizde sık rastlanmıyor.

Benzer biçimde dikkat çekici bir diğer ölçek de kariyer hedefleri analizi. Geleceği tasarlarken toplum için faydalı bir işe hizmet etmek isteyen öğrencilerin oranı ABD ve Kanada gibi ülkelere kıyasla bizde yarı yarıya az. Bu bulguları, Uluslararası Gençlik Vakfı'nın 2017 Küresel Gençlik Refah İndeksi de destekliyor. Bu indekste dikkat çeken oranlardan biri gençlerin aktif vatandaşlığına dair. Önceki ayda gönüllü aktivitelerde bulunan gençlerin oranına bakıldığında Türkiye yüzde 5'le sonlarda. Bu istatistikler Türkiye'nin gencinin duyarsız olduğunu işaret etmiyor; ne ekersek onu biçeceğimizi gösteriyor.

ÖNCEKİ AYDA GÜNLÜK AKTİVİTELERDE BULUNAN GEÇLER

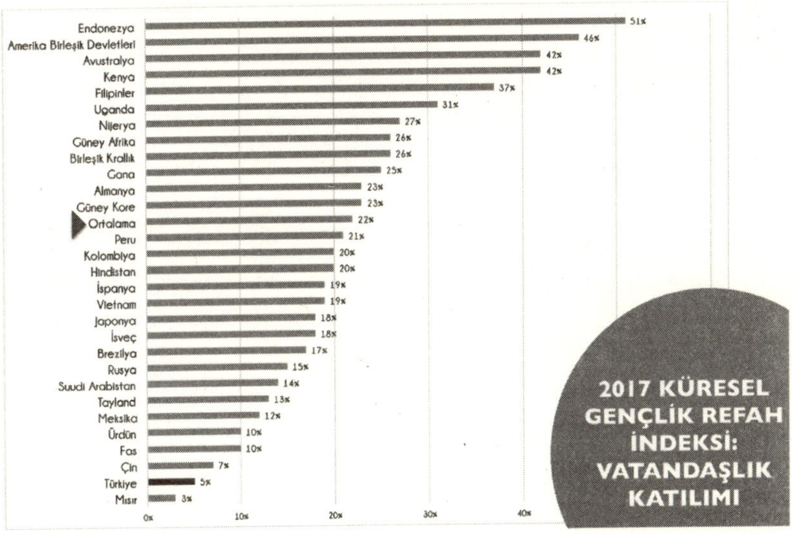

Kaynak: R., Sharma, L., Henneman, A., Qadri ve L., Vignoles, *2017 Global Youth Wellbeing Index*, International Youth Foundation.

BİR KELEBEĞİN KANAT ÇIRPTIĞINI HAYAL EDİYORUM

"Hayallerinden vazgeçmen için aldığın ilk maaşın ne kadardı?"

Up in the Air [Aklı Havada] filminden

Derinliksiz ama gerçekçi bir Amerikan filmi izlemiştim vaktiyle. Aktivistliği, fiziksel özelliklerinin –ne yazık ki– önüne geçememiş George Clooney'nin Ryan isimli tipik bir beyaz yakalıyı canlandırdığı bir tür plaza dramı. Hayattaki en büyük gayesi uçuş mili biriktirmek olan arkadaşımız Ryan'ın görevi, küçülmeye giden şirketlerin çalışanlarına kariyer geçişi danışmanlığı yapmak ya da daha anlaşılır bir ifadeyle kovuldukları haberini lisan-ı münasiple vermek. İşte bu Ryan birader, bir görüşmesinde kötü haberi vereceği kişilerden birine şu soruyu soruyor: "Hayallerinden vazgeçmen için aldığın ilk maaşın ne kadardı?"

2016 sonunda, yaş ortalaması 27 olan 558 gençle hayallerine dair konuştuğumuz araştırmanın raporuna aslında pek de şaşırmayarak ama bir miktar kaygılı bakarken, yıllar öncesinden zihnimde saklanmış bu replik çıkageldi ziyaretime.

Gençlere en son ne zaman hayal kurduklarını sorduğumuzda aldığımız yanıt ilk bakışta umut vericiydi, zira görüştüğümüz gençlerin hemen tamamı sık sık hayal kurduklarını söylüyordu. Araştırma sürecimiz boyunca beni en çok merakta bırakan, "Hayalin ne?" sorusuna aldığımız yanıt ise düşündürücüydü. İlk sırada oldukça yüksek bir oranla "diğer ülkelere seyahat etmek" vardı. Sanırım mecaz anlamıyla değil, tam anlamıyla hayaller Paris, gerçekler Eminönü idi. Çalışmanın kalbimde şimşek çakmasına sebep olan bölümü ise şuydu: Kayda değer bir yüzdeyle ikinci sırada gelen hayal "mutlu olmak"tı. Türkiye'nin genci mutlu olmayı bir hayal olarak tanımlıyordu ya da daha fenası, Türkiye'nin genci hayal kurmayı bilmiyordu; onu bir temenni farz ediyordu. Hayallerini gerçekleştirebileceğine ise yarıya yakını inanmıyordu. Ve ne yazık ki, "Ne olsaydı hayallerini gerçekleştirebilirdin?" sorusuna neredeyse yarısı "para" yanıtını veriyordu.

İstatistikler rakamlardan oluşur. Ve rakamların kalbi yoktur. Onları kazıyıp altlarındaki insana ulaşmanız gerekir. Yıllardır yaptığımız gençlik araştırmalarında karşımıza çıkan rakamların arkasındaki insanı görmeye çalışıyorum. Rakamlar bize epeydir Türkiye gençliğinin ciddi oranlarda işsiz ve haliyle güçsüz olduğunu söylüyor. Rakamları kazıdığımızdaysa altından bir de düşsüz gençlik çıkıyor.

Türkiye'nin gençleri hayallerini bozdurarak yaşıyor; ta çocukluktan başlayarak her gün biraz daha düşsüzleşiyor. TEOG, YGS, ALES, KPSS neyin kısaltması öğrenemiyorum bir türlü, ama hayallerin kestirilip atılması, onu biliyorum. Sistem, erken yaşta girdiğimiz tornalarda kıymıklarımızı temizliyor ki kimseciklere batmasın. Kültürümüzde birisi size, "Amma hayalcisin!" diyorsa, besbelli iltifat etmiyor. Okullar, şirketler, evlilikler, hükümetler, dernekler, kısacası "kurum" diye tariflenen birliktelikler, hayal kuranlarla değil, kural koyanlarla varlığını sürdürebiliyor.

Bir kişilik özelliği değil düşperestlik, bir beceri. Doğuştan gelmiyor, öğreniliyor. Ve her beceri gibi, yerinde saymıyor; kullandıkça gelişiyor ya da kullanılmadıkça paslanıyor. Hayal kurmak ihmale gelmiyor. Emek istiyor. Okumayı, izlemeyi, düşünmeyi, sorgulamayı gerektiriyor. Tam da bu yüzden, insan hep düşsüzlüğünden vuruluyor.

Bu ânı, hayal kurmaktan vazgeçmeyenlere borçluyuz. Bu satırları okumayı hayal kurmaktan vazgeçmeyenlere borçluyuz. Çünkü tarih boyunca insanlığı dönüştüren, yaşamı iyileştirenler işte bu sonsuz düşleyenlerdir. Çünkü birisi bir hayal kurar ve kâinatta kelebek etkisi başlar. Türkiye'nin gençliği için mutluluk bir hayal olmasın istiyorum. Daha yaşanır bir dünyayı düşlemekten korkmayan bir gençlik hayal ediyorum... Bir kelebeğin kanat çırptığını hayal ediyorum...

YENİ NESLİ NE YAPACAĞIZ?

"İkaros efsanesi genel kabuldeki gibi 'çok yükseğe uç' mu demektedir, yoksa 'balmumunu ve tüyleri unut, kanatlarla daha iyisini yap' mı demektedir, emin olamıyorum."

Stanley Kubrick

İkaros efsanesi, Yunan mitolojisinde en sevdiklerimdendir: Girit Adası'nın kralı Minos, Minotauros adlı canavarı hiç kaçamayacağı bir yere hapsetmek ister. Bunun için, Daidalos adında usta bir Yunan mimarı çağırır. Daidalos ve oğlu İkaros, içerisi karmakarışık yollarla, çıkmazlarla dolu, zikzaklı koridorlarla birbirine bağlı birçok odadan oluşan bir yapı inşa ederler. Bu yapı öyle karışıktır ki, içeri giren çıkış yolunu bir daha bulamaz. Daidalos'un inşa ettiği Labyrinthos adındaki hapishane öyle eşsiz bir eserdir ki, o tarihten beri yol bulmakta güçlük çekilen karmaşık yerlere hep "labirent" adı verilir.

Minos, bina yapısının sırrını kimse öğrenemesin diye Daidalos ile oğlunu da Labyrinthos'a kapatır. Daidalos kendi yapısının çıkış yolunu kendisi dahi bulamaz. Ancak baba oğul elbette labirentten çıkmak istemektedirler. Bunun için uçan kuşlardan düşen tüyleri biriktirirler. Sonra bu tüyleri balmumuyla birbirlerinin kollarına ve omuzlarına yapıştırırlar. Amaçları üzeri açık labirentten havaya yükselip, Girit Adası'nın üstünden uçarak geçmek, denize yönelerek memleketlerine doğru yola koyulmaktır. Daidalos genç İkaros'u uyarır, "Güneşe yakın uçma, balmumu erir; suya düşersin. Denize yakın uçma; kanatların ıslanır, yine düşersin." İkaros gençtir; tutkuları vardır; kanatlarıyla gurur duyar ve güneşe kadar uçmak ister. Güneş ışınlarının sıcaklığı yaklaştıkça balmumunu eritir, kanatlar kopar ve İkaros denize düşerek boğulur.

Bizim yeni çağda hâlâ labirentlerimiz var ismini plaza koyduğumuz; hâlâ Kral Minos gibi liderlerimiz, Daidalos gibi tasarımcılarımız ve milyonlarca İkaros'umuz var; kanatlarını iyi tasarlayamadığımız için suya düşüp duruyorlar...

Toplum İkaros efsanesindeki gibi önce güvenlik alanlarımızı çizdi ve bizler de içlerine konfor alanları çizdik. Ancak çağ değişti, ekonomi değişti, demografi değişti; güvenlik alanları da değişti. Çağa uyumlu yeni alanlar çizmemiz gerekiyor.

İkaroslar daha yükseğe uçabilsin diye, onların kanatlarını, alanlarını tasarlıyoruz. Liderlikte, ebeveynlikte, eğitimcilikte, evde ve işte, yaptığımız iş her ne olursa olsun onu bir tasarımcı edasıyla yapma çağındayız. Tavır, vizyon ve adanmaya ihtiyacımızın olduğu çağdayız. İlk organizasyon şemasının yapıldığı 1854 yılından beri alışageldiğimiz sistemlere tersten bakmak, kara kutuları cam kutu haline getirme zorunluluğumuz var. Varsayımları reddetmeye ve hayatını tasarladığımız gençlerin ve çocukların içgörülerini dinlemeye ihtiyacımız var. Cesur ve kararlı olmaya ihtiyacımız var; bu yüzden de öncelikle ülkenin tüm kurumlarında sahici olmaya ihtiyacımız var.

Kurumların içine sadece şirketler girmiyor pek tabii. En küçük kurum olan aileden başlayarak, okulların, şirketlerin, kamu kuruluşlarının, siyasi partilerin, sivil toplum örgütlerinin, kısaca insana temas eden her topluluğun atlaması gereken bir hendek var bence. O hendek çoğu kurumun konfor alanı ve aslında rahatladığı ve doğal olarak yavaşladığı yer. İşte o hendeği atlamak isteyen, geleceğe uyumlu olmak ve gençler için daha çekici olmak isteyen kurumlara önceliklendirebilecekleri beş düşünce başlığı:

1. Düşünce detoksu: Eskiden işinize yaramış olsa da artık geçerli olmayan bilgiden kurtulun.

Dünyanın en ilham verici gelecek bilimcilerinden Alvin Toffler 90'lı yıllarda şöyle demişti: "21. yüzyılın cahilleri, eskiden öğrendiği ve artık işe yaramayan bilgilerden vazgeçmeyenler olacaktır."

2. İşbirliği: Gençleri eğitmeye çalışmak yerine gençlerle birlikte öğrenecek modeller kurun.

Dünya genelinde yaptığımız araştırmamızda Türkiye'nin gençleri –diğer pek çok gelişmiş ülkeden farklı olarak– ilk sırada şirketlerden gelişimlerine sürekli olarak yatırım yapmalarını talep ediyor. Burada önemli bir uyarıda bulunmakta fayda var. Yeni nesil gelişim yatırımının içinde geleneksel ve çoğunlukla pasif öğrenme metotları yok. Kurumların artık deneysel, aktif ve işbirlikli öğrenmeyi benimsemesi gerekiyor. Kısaca öğrenme artık bir bilge kişiliğin bir grup insana bilgisini empoze ettiği tek yönlü bir akış olmaktan çıkmalı. Gençlere bir şeyler öğretmekten vazgeçmeli, gençlerle bir şeyler öğrenmeliyiz.

3. Çeşitlilik: Tek tiplilikten kurtulun; farklılıklara kucak açın.

Tek tip evlat, tek tip vatandaş, tek tip çalışan yaratmak veya olmak bir tercih; ama tek tip sorunlarla uğraşmadığımız 21. yüzyılda geçerli olamayacak bir tercih. Bireysel veya kurumsal zihnimizi formda tutmak için güvenli limanlardan çıkmamız ve farklı bakış açılarını cesaretlendirmemiz şart. İlk adım işe alımda çeşitlilik olsun. "Biz sadece şu okul mezunlarını, şu akademik başarıya sahip olanları, şu bölgeden gelenleri vs. istihdam ederiz" yaklaşımından sıyrılmak önemli. Ve hemen ardından kıyafette, tavırda, kültürde çokesliliğe, tercih özgürlüğüne, renkliliğe izin vermemiz gerekiyor.

4. Ulvi amaç: Sadece kârlılığa değil, işinizin amacına odaklanın; amacınızı çalışanlarınıza anlatın.

En önemli rekabet avantajınız olan insanı kurumunuza çekecek ayrıştırıcınızın ne olduğunu biliyor musunuz? Ayrıştırıcıdan kastım şu: Neden bir genç, herhangi bir benzeriniz yerine sizi tercih etsin? Sizi benzerlerinizden ayıran, kolay kopyalanamaz ve tercih edilmenizi sağlayabilecek ayrıştırıcı özelliğiniz ne? Universum Yetenek Araştırması'nda tüm dünyada yüz binlerce gence onlar için en önemli ayrıştırıcı unsurun ne olduğunu sorduk. Dünya genelinde aldığımız yanıt şuydu: Amaç. "İşteki amacı nasıl tariflersin?" sorusuna Türkiye'de gençler "Doyurucu, anlamlı, insanların hayatına dokunan bir iş yapmak" yanıtını verdiler. "Ben bir bordrodan fazlasıyım," diyen gençler için işin amacını tariflememiz gerekiyor.

5. Çalışma ikliminde psikolojik sermaye: Sadece binalarınızı değil, ruhsal ikliminizi de geliştirin.

Önemli bir davranış bilimci olan Fred Luthans, psikolojik sermayenin formülünü şöyle veriyor: yeterlilik, esneklik, iyimserlik ve umut... Belirsizliklerle örülmüş bu çağda, artık şirketlerin, çalışanların ve paydaşların sadece finansal ve entelektüel sermayelerine değil, psikolojik sermayelerine de yatırım yapmaları gerekiyor. Çalışanların yeteneklerinin farkına varabilecekleri ortamı yaratmaları, belirsizliklerle baş edebilmelerine destek olmaları, ortak akıl ve dayanışmayla zorlukların üstesinden gelinebileceğini göstermeleri gerekiyor. Bunu eski tip binalarda sağlayabilirsiniz. Ama eski tip liderlerle sağlayamazsınız.

Y KUŞAĞI MARKALARDAN NE İSTER?

"Sahicilik kafana göre konuşmak değildir. Tutarlı duygu işçiliğidir. Sahicilik, verdiğin sözü tutmaktır; canın tutmak istemediğinde dahi. Hatta en çok da o zaman!"

Seth Godin

Yeni neslin eski nesilden, liderlerden, yönetenlerden, kural koyuculardan, eğitimcilerden ne istediğini anlatmaya çalıştım. Uzun yıllardır organizasyonel çekicilik ve işveren markası alanında araştırma ve çalışmalar yapan biri olarak, Y jenerasyonunun markalardan ne istediğine değinmeden geçmem olmaz. Buyurun buradan bakalım:

Başkası olma, kendin ol!

Kendin ol, çünkü külyutmaz bir kuşaktan bahsediyoruz. Gerçek hayattan sosyal medyaya, akla gelebilecek her türlü platformda taklit olanın, sahte olanın, uyduruk olanın ipliğini ânında pazara çıkarabilme gücünde olan bir kuşak bu. Çünkü doğduğundan bu yana sahte olanı ayırt etme kası gelişti. Bu yüzden markaların sahici olmak gibi bir zorunluluğu var. "Dönemin trendi bu; bu trende uyalım ve '-miş gibi' davranalım" diyen markaların nefes alabileceklerini sanmıyorum. Olduğu gibi görünen, göründüğü gibi olan, gerekirse özür dilemeyi bilen, insansı bir marka dünyası yeni marka dünyası. Bence mümkün.

Erişilebilir ol!

Geçtiğimiz yüzyıldaki alışkanlıklarımızın tam tersine, markaların fildişi kulelerinden inme vakti geldi de geçiyor bile. Ulaşılmaz oldukça cazibesi artan markalar artık geçerli değil. Ulaşılabildiğin kadar varsın. Erişilemiyorsan yoksun. Geçenlerde popüler bir tüketici markasına basit bir tüketici şikâyetimi iletmek için birkaç girişimde bulundum. Öncelikle sosyal medyada ve dahi geleneksel mecralarda tek bir erişim kanalı bulamadım. Marka gözümden de gönlümden de düştü. Allahtan X kuşağıyım da çevremdeki 5000 kişiye bu deneyimi anlatmadım. Ya Y kuşağı olsaydım?

İçerik kadar bağlama da odaklan!

Markaların geleneksel alışkanlıkları var. Örneğin, ürünlerimizin veya hizmetlerimizin içerikleri hakkında bıraksalar sabahlara kadar konuşacağız. Oysa ürün veya hizmetin içerik kalitesi artık ayrıştırıcı değil. Hijyen faktör.

Yani olmazsa olmaz. Ayrışmak isteyen marka içerik kadar bağlama da odaklanmalı. Bağlamda ne var? O markanın müşterisi olduğumda ait olacağım topluluk, yaşayacağım deneyim, hissedeceğim duygu, yani parçası olacağım hikâyeler... Evet, hâlâ içerik kral. Ama bağlam da kraliçe!

Mizah dilini öğren!

Tüketiciyi bilgilendirme konusunda çok iştahlı olduğumuzu biliyorum ancak bu durum bazen markaları "sıkıcı" olma tuzağına düşürebiliyor. Y kuşağının en büyük kâbusu olan "sıkıcılık"tan korunmanın en güçlü yöntemi ise mizah diliyle barışmak. Barışmak diyorum çünkü toplumsal olarak mizahı ciddiyetsizlik ve hatta saygısızlık olarak algılama eğilimimiz var. Y kuşağına erişmek isteyen markalar, mizahın dahil ediciliğinden mutlaka faydalanmalılar. "Ama biz çok ciddi bir markayız" demeyin; çünkü ben size ciddiyetinizden ödün verin demiyorum; gülümseyin ve gülümsetin diyorum. Türkiye'nin gencinin yeterince derdi var; pazarlama iletişiminiz ona biraz keyif verse fena olmaz, ne dersiniz?

İş ikliminde yaratıcılığı yenilikçi yaklaşımlarla desteklemek, gençler için çekici bir organizasyon olmak yolunda adeta bir zorunluluk. Mizah ise gençlik iletişiminde bariyerleri hızla yıkma gücüne ve Y kuşağı için çok önemli olan "dahil edilme" etkisine sahip çok etkili bir araç. Çünkü mizah, "ötekileştirme" ve "ayrımcılığa" karşı adeta bir panzehir. Çünkü mizah, anlam arayışında olan –ve tam da bu sebeple isimleri Y kuşağı / Generation Y (WHY) olan– gençlere anlamı en hızlı ve en etkili biçimde sunma aracı. Çünkü mizah, bilgi bombardımanından bunalmış Y kuşağıyla ağdalı ve ağır değil, kısa ve öz biçimde iletişim kuruyor. Çünkü mizah, yaşamdan keyif almayı her türlü ölçülebilir performans faktörünün önünde tutan Y kuşağı için olabilecek en ekonomik eğlence aracı.

Tüketici markan kadar, işveren markana da önem ver!

Yaşadığımız çağda artık sadece güçlü tüketici markalarına sahip olmak yetmiyor. O markaların en önemli elçileri, markaların sahipleri olan şirketlerin çalışanları. Tipik bir Y kuşağı, çok sadık olduğu markanızdan, herhangi bir çalışanınızın davranış biçimi veya tavrı nedeniyle buz gibi soğuyabilir, dahası soğutabilir. Türkiye'nin muteber tüketici markalarından birinin büyük hayranı olan bir Y kuşağı mensubu tanımıştım. Markanın sahibi olan şirkete iş görüşmesine gittiğinde gördüğü muameleden öyle rahatsız oldu ki, bir daha o markanın yanına yaklaşmadı ve yaklaştırmadı da... Eminim sizin de kulağınıza çalınan benzer hikâyeler vardır. Tüketici markalarına sahip olan şirketlerin mutlaka işveren olarak da nasıl bir duruş sergilediklerini, güvenlik görevlilerinden tepe yöneticilerine dek tüm çalışanlarının şirketin değer önermelerini yansıtıp yansıtmadıklarını gözden geçirmek zorundalar; çünkü Y kuşağı gözünde tüketici markası ve işveren markası arasında arada dehşetli bir etkileşim var.

ÇIRAKTAN USTAYA: Y KUŞAĞI VE TERSİNE MENTORLUK

"Genç olmak insanın uzun zamanını alır."

Picasso

Mentorluk yaklaşımı, Y kuşağının profesyonel gelişiminde çok önemli bir araç. Uzun bir süredir pek çok şirketin başvurduğu mentorluk uygulamaları sayesinde, yeni nesil çalışanlar organizasyonel kültürü daha hızlı tanıyıp içselleştirme ve sorun çözme yetilerini geliştirme fırsatına sahip oldular. Mentorlar –diğer bir deyişle ustalar– bu gelişim sürecinde Y jenerasyonu çıraklar için rol model oldular. Şimdi ise çırakların ustalara akıl verme zamanı...

Adından da anlaşılabileceği gibi, tersine mentorluk, yeni jenerasyon bir başlangıç seviye çalışanın, üst kuşaktan deneyimli bir yöneticiye tüketimin yeni dünyası ve yeni iş yapma biçimlerine dair içgörülerini aktarmasını anlatıyor. Bu uygulamanın dünyadaki ilk ilham vereni ise General Electric eski CEO'su Jack Welch. Welch, 90'larda General Electric yönetiminin internetle ilgili öğrenmesi gereken çok fazla şey olduğunun farkına vardığında, şirketteki üst kademe yöneticilere (kendisi de dahil olmak üzere) genç nesilden danışmanlık aldırıyor. Bugün dünyada ve Türkiye'de çok farklı sektörlerden liderlerin başvurduğu bu yeni nesil usta-çırak ilişkisi, yeniliklerin en iştahlı takipçileri olan gençlere, deneyimli liderleri eğitme şansı veriyor.

Ülkenin çok çeşitli kurumlarında uzun yıllardır bu programları tasarlayan ve etkilerini ölçen biri olarak, gerek kurumun mevcut gençlik gücüyle gerekse üniversite ve hatta lise öğrencisi olan potansiyel çalışanlarla, adaylarla, müşterilerle, tüketicilerle, seçmenlerle gerçekleştirilebilecek olan tersine mentorluk oturumlarının hem genç mentorlar, hem deneyimli danışanlar, hem de kurumlar için çok önemli faydalar sunduğunu gözlemliyorum. Öncelikle, kuşaklar arası bilgi ve ilişki boşluğunu kapatma gücüne sahip. Örneğin, sosyal medyayı ustası olan genç nesilden dinlemek, bu yeni mecrayı anlamayı ve etkin kullanmayı kolaylaştıran bir yol. Tersine mentorluğun iki yönlü bir araç oluşu, uygulamanın önemli faydalarından bir diğeri. Sistem, iki farklı kuşağı bir araya getiriyor ve tecrübenin sonsuz döngüsünü hikâyelerle, geleceğin ışığını yaratıcılıkla birleştiriyor; geçmiş ve geleceği buluşturuyor. Bu özelliğiyle uygulama, genç neslin üst kuşakların hikâyelerine ve yönetici deneyimlerine ilk elden erişimini sağlayarak hedeflenen gelecek için onlara ilham veriyor.

Peki etkin bir tersine mentorluk programı için dikkat edilmesi gerekenler neler?

Her şeyden önce, Y kuşağı "mentor" ve "deneyimli danışan" ilişkisinin gönüllülük esasına dayandığını hatırlayın; görevlendirmelerden, "atanmış" mentor ve/veya danışanlardan kaçının.

Y kuşağı mentor ve deneyimli danışanlarınızı sürece hazırlayın; onlara mutlaka mentorluğa dair brifing, seminer, eğitim imkânları sunun.

Süreci en az üç, en fazla altı ayı kapsayacak şekilde ve 45 dakika-1 saat süreyle gerçekleşecek yapılandırılmış görüşmelerle tasarlayın.

Rasgele sohbetlerle değil, önceden tasarlanmış gündemlerle çalışılmasını sağlayın.

Seansların deneyimli danışan ofisi dışında gerçekleşmesine özen gösterin.

Tersine mentorluk ilişkisinin, iki kişinin anlayış ve güven üzerine kurduğu, gizlilik içeren bir ortaklık olduğunu hatırlayın.

Tersine mentorluk sadece şirketlerin değil, ülkeleri yönetenlerin ya da yönetmeye aday olanların da mutlaka başvurması gereken bir araç. 38 milyon nüfuslu, yaş ortalaması 41 olan Kanada'nın hem başbakanı hem de gençlikten sorumlu bakanı olan Justin Trudeau bu sistemi kullanan dünya liderlerinden. Türkiye'yle kıyaslandığında Kanada genç bir nüfusa sahip değil. Ayrıca birçok farklı dine, değişik kültürlere ve farklı yaşam tercihlerine sahip çok ciddi bir çeşitliliği barındıran bir ülke. Beş vatandaşından birinin orada doğmadığı bir ülkeden bahsediyoruz. Böyle bir bağlamda, benzemezlerin uyum içinde yaşamasını sağlamak kolay olmasa gerek. Hem kültürel hem finansal anlamda çocuklarınızı ve gençlerinizi gerçek yaşamın içine ne denli katarsanız, bu entegrasyonu ne denli önemserseniz, o kadar etkili sonuçlar alırsınız. Trudeau bu konuyu önemseyen, özellikle eğitim ve istihdam konusuna öncelik veren, politikalarını beğenmeyen ve kendisini eleştirenler de dahil olmak üzere toplumun çok farklı kesiminden gençle bire bir çalışmaya kayda değer zaman ayıran bir lider. 16-24 yaş aralığında olan 26 gençten, ülkenin gençlerinin üstesinden gelmekle yükümlü olduğu konularda mentorluk alıyor; bu gençler dönemsel olarak değişiyor ve yüz yüze veya uzaktan çalışma platformlarında ülkenin başbakanına fikir veriyor.

Tüm liderlerin gençlerin "yaratıcı yıkıcılığı"na kulak verecek cesarette olmasını tavsiye ederim.

Y KUŞAĞI LİDERLİĞİNDE HİKÂYECİLİK

"Datada boğuluyoruz; ama bilgiye açız."

John Naisbitt

Hikâyeler, dinleyicinin kişisel noktalarına temas ettiği için, anlatıcının anlam inşa etmesinde kaldıraç etkisi yaratırlar. Bu etki sayesinde mesaj, istatistiksel datanın tek başına ulaşamayacağı denli güçlü ve kalıcı bir hale gelir, gerçek yaşama hızla transfer olur.

Y kuşağı liderliğinde hikâyecilik sanatının önemi daha da derin. Michael Margolis, Y kuşağına "hikâye jenerasyonu" adını verirken tam da etkiden bahsediyor. Margolis'e göre Y kuşağı için hikâyecilik çok katmanlı bir anlatı zenginliği. Tasarımı sanatla, girişimcilikle, teknolojiyle harmanlayan bu kuşakla kurulan ilişkilerde doğru hikâyeyi anlatmak, hikâyeleri paylaşmak ve bu kanalla aidiyet yaratmak, bir başka deyişle kulaktan kalbe giden yolu inşa etmek önemli. Unutmayın ki infobezite (bilgi obezitesi) çağındayız ve data içinde boğulan bir kuşağa dokunmaya çalışıyorsunuz.

İş yaşamında hikâyeler, geleceğe dair paylaşılan bir vizyon yaratır, yeni girişimleri teşvik eder, takımlar arasında köprüler kurar, alınan dersleri vurgular. Peki iş yaşamında hikâyeciliği günümüzde ne kadar etkin kullanabiliyoruz? Hayranlıkla takipçisi olduğum retorik ve tasarım sanatının ustası Nancy Duarte'a göre, "Barkovizyon ışığı kamp ateşinin yerini aldığından beri iş yaşamında hikâyenin gücünü unuttuk." Hikâyeler, on yıllardır sıkı rekabetçilik ve fark yaratma kaygılarıyla katı bir analitik düzlemde duran organizasyonları hümanize ediyorlar. Organizasyonları oluşturan bireylere, sadece beyinleri değil, ruhları olduğunu da hatırlatıyorlar.

Hikâyeler, en önemli gücünü simülasyon etkisinden alıyor. Bu alanda gerçekleşmiş pek çok bilimsel çalışma sonucuna göre, hikâyeler beyinde, kişi gerçekten o deneyimi yaşıyormuşçasına tepkime yaratıyor. Kurumsal hikâyeler de anlam yaratma ortaklığıdır. Yaşayan örnek teşkil eder ve kurumsal hafızayı baz alır. Dinleyiciyle empati kurar. Yaşam döngüsünün üç boyutunu açar: Dün, bugün, yarın. (Şirket nereden geldi, şu anda nerede, nereye gidiyor?) Çalışanlar sadece kurumun tarihinin bir parçası haline gelmekle kalmaz, aynı zamanda geleceğe katkıda bulunduklarını da hissederler.

Hikâyeler otantik liderliğin, yani sahiciliğin kapısını aralar. Sembolik temsiller sunmaları sebebiyle çalışanların anlam yaratma çabalarını destekler. Sahicilik ve güven, kurumla çalışan arasında, liderle ekibi arasında ilişki geliştirilmesine yardım eder; diyaloğu artırır ve insanların sesinin duyulmasını sağlar. Bugünün iş yaşamında söz konusu olan bilgi bombardımanını düşündüğümüzde hikâyeler, sıklıkla dikkati dağılan ve odağını kaybetme riskiyle karşı karşıya olan çalışanların daha berrak bir zihinle mesajı idrak etmesini kolaylaştırır.

Araştırmalara göre, öğrendiğimiz yeni bilgilerin yüzde 70'ini hikâyeler kanalıyla zihnimize transfer etmekteyiz. Hikâyelerin geçmişten günümüze yansıyan derin etkisini anlamak için sadece modern tarih öncesi mitolojik hikâyelerin yayılımına değil, her saniye bir yenisi hayata geçen blog'lara bakmamızda da fayda var. Özetle, tüm bu mesaj karmaşasının içinde iyi bir hikâye anlatan ya da hikâyeyi iyi anlatan ayrışıyor.

Kurumsal hikâyecilik kültürünün yaşayan örneklerinden Tom's Shoes şirketinin CEO'su Blake Mycoskie hikâyeciliğe yaklaşımını anlatırken, hikâyelerin toplumlarda nasıl suya atılan bir taş gibi dalga etkisiyle büyüdüğünü de örnekliyor: "Hikâyelerin şirketleri birbirinden ayıran en önemli unsur olduğunu fark ettim. İnsanlar sadece ayakkabılarımızı giymiyorlar; aynı zamanda hikâyelerimizi anlatıyorlar."

YENİ NESİL ÇALIŞANA ESKİ NESİL ÖLÇEK

"Çaresiz kaldığım zamanlarda gider, bir taş ustası bulur seyrederim. Adam belki yüz kere vurur taşa. Ama değil kırmak, küçücük bir çatlak bile oluşturamaz. Sonra birden, yüz birinci vuruşta taş ikiye ayrılıverir. İşte o zaman anlarım ki, taşı ikiye bölen o son vuruş değil, ondan öncekilerdir."

Jacob Riis

Yeni nesli yönetirken insan kaynaklarının hemen tüm fonksiyonları da kayda değer bir yenilenme sürecinden geçiyor. Her yeni sene, organizasyona katılan yepyeni nesilden bireylerle, işe alımdan kariyer planlamaya, gelişimden iletişime dek pek çok başlıkta, "insan kaynaklarının Rönesans'ı" dediğim bir dönemin örneklerini görüyorum. Gelin görün ki, belli bir konuda çağdaş iş dünyasının elindeki araçlar yeterli ve anlamlı olmayabiliyor. Başlıktan da anlayabileceğiniz gibi, performans yönetimi sistemlerinden bahsediyorum.

Çalışan performansı yönetimini tanımlamaya kalksak, hızlıca ortak bir paydada buluşabiliriz. Çalışan performansı yönetimi, pek çok şirket için kabaca, "fark yaratan" çalışanların ortaya çıkardığı "iş sonuçları"nın neredeyse tamamı "somut" olan motivatörlerle ödüllendirilmesini sağlayan bir araç. Önceki cümlede tırnak içine aldığım ifadeler, yeni nesil çalışan diline tercüme edilme ihtiyacı barındırıyor.

Mazars'ın beş kıta, 64 ülkeden Y kuşağı katılımıyla gerçekleştirdiği araştırmada gençlere sorduğu çok basit bir soru var: "Hayat amacın ne?" Araştırmada en yüksek skorları alan yanıtlar kadar, en düşük yüzdeye sahip yanıtlar da kıymetli. Bunlardan bir tanesi şu: "Diğerleri tarafından başarılı görülmek." Bu ifade binlerce katılımcı gencin sadece yüzde 2,7'si tarafından seçiliyor. Sanırım araştırmanın en çarpıcı yanı da bu. Şayet Y kuşağı, diğerlerinin onu hangi ölçeklerle değerlendirdiği konusunu önemsemiyorsa bunun türlü sebepleri olabilir. Bana kalırsa, sebeplerden en önemlisi de şu olabilir: 21. yüzyılın iç müşterilerini 20. yüzyıldan kalma araçlarla değerlendiriyor olmayalım? Pek çoğunun 90'lı yıllardan kalma olduğunu düşündüğüm performans sistemi tanımlarının, 21. yüzyılın iç müşterisini ölçmede ve değerlendirmede ne kadar etkili olduğuna dair kaygılar taşıyorum; hatta yeni neslin deyimiyle, bu konuya dair "aklımda deli sorular var." Buyurun birkaçı...

Çalışan performansı yönetimi sistemleri:

- Yılda bir-iki kez ziyaret ettiğimiz bir havuç-sopa noktası mı?
- Günbegün değer yaratmaya mı, yoksa nihai rakamlarda fark yaratmaya mı odaklı?
- Çalışanların kendi aralarında işbirliği iklimi yaratmalarına olanak tanıyor mu?
- Yeni neslin en önemli ihtiyaçlarından biri olan sürekli geribildirim sağlama niteliği taşıyor mu?
- Yargılayıcı bir tarzla mı yürütülüyor, olumlayıcı sorgulama yöntemini mi baz alıyor?
- Önemli bir Y kuşağı değeri olan "şeffaflık" ve "adalet"i barındırıyor mu?
- İyi izlenim yaratmayı mı cesaretlendiriyor, iyi iş yapmayı mı? (Son dönemlerde gerçekleştirdiğimiz pek çok "algılanan başarı faktörü" araştırmasında Y kuşağı arasında "iyi izlenim yaratarak başarılı olabilirsin" algısı hızla yükseliyor.)

- "Takım olarak nasılız?" sorusunu da içeriyor mu, yoksa sadece "Benim için nasılsın?" sorusuna mı yanıt arıyor?

Bu soruların yanıtlarına göre yapılandırılmış, çağın gerçeklerine uygun, sadece taşı ikiye bölen son vuruşu değil vuruşların tamamını değerlendiren performans sistemleri hayal ediyorum, çünkü ancak bu gerçekleştiğinde yeni nesil şirketler olabiliriz. Tıpkı James Canton'ın nefis kitabı *Future Smart*'ta söylediği gibi: "Siz uyum kültürüne sahipseniz gelecek engellisiniz, gelecek uyumlu olmak için inovasyon kültürüne sahip olmanız lazım. Bunun için de performansa değil bilgiye odaklanmalısınız."

ALTINCI BÖLÜM

Z KUŞAĞI

Z KUŞAĞI – OĞLUM ALİ

"Ali'm, hoş geldin. Bakalım kim kimi büyütecek? Ben mi seni, sen mi beni?"

Evrim Kuran, Ocak 2007

Ali'yi 30 yaşımın başlarında doğurdum. 2007'nin ilk günleriydi ve ailemize ilk kez bir Z kuşağı üyesi katılıyordu.

Ona hayatımızdaki iki önemli sessiz kuşak mensubunun ismini verdik. İstanbul'da doğmuş büyümüş ve Ali'yi görmesi mümkün olmamış eşimin babası Selahattin ve bu kitabın ilk kuşak örneği olarak hikâyesini okuduğunuz Ali Babamın isimlerini taşıyor Selahattin Ali. Bir Z kuşağı üyesi olarak, tekrarı olduğu sessiz kuşağın ailemizdeki son temsilcilerinin isimlerine sahip...

Ali dijital dünyanın göçmeni değil, gerçek sahibi olan bu yeni kuşağın tipik bir temsilcisi. Teknolojiyi çok iyi kullanıyor olması oyun ve eğlenceyle sınırlı değil; ihtiyacı olan bilgiye nasıl erişeceğini, ihtiyacı olmayandan nasıl kaçınacağını biliyor. Sadece teknolojiyi değil, doğayı, insanları, hayvanları, kitapları, akarsuları ve gezegenleri, kısacası yaşamın tüm unsurlarını önemsiyor. Özgürlüğe değer veriyor ve özgürlüğün aslında sorumluluklarla geldiğini biliyor. Onu en kızdıran şeyin saygısızlık olduğunu söylüyor. Saygısızlık, onun için hakların ihlali anlamına geliyor. İnsan hak ve özgürlükleri konusundaki hassasiyetini bu kuşağa özgü buluyorum. Ve bu bana umut veriyor. Z jenerasyonu henüz yetişkin değil. Araştırmalarla kanıtlanmış davranış kalıpları ortaya koymak için zamana ihtiyacımız var. Bununla birlikte, jenerasyon çalışmaları, bize benzemeyen, bizim mahalleden olmayan, bizim gibi büyümemiş, bizim deneyimlediklerimizi deneyimlememiş başka zamanların çocuklarını anlayabilmemize olanak sağlayacak bir bilgi düzlemi sunuyor.

2000-2018 arası dünyamıza geldiğini varsaydığımız Z kuşağı oranı, Türkiye nüfusunun yüzde 29'u. Bir başka deyişle ülkemizde 24 milyondan fazla bebek, çocuk, ergen ve ilkgenç var. Türkiye'de bilgisayar kullanmaya başlama yaşı sekiz, internet kullanmaya başlama yaşı dokuz, cep telefonu kullanmaya başlama yaşı on. Madalyonun diğer yanına da bakalım mı? Türkiye dünyada en çok mülteci barındıran ülke. Türkiye'deki mültecilerin 3,7 milyonu Suriyeli ve bu mültecilerin 1,7 milyonu çocuk. Bu çocukların halihazırda 610 bini okula gidebiliyor. Diğer bir ifadeyle bir milyona yakın mülteci çocuğun eğitime erişimi yok. Resmî rakamlar Türkiye'de çocuk nüfusunda çocuk işçi oranının yüzde 6 olduğunu söylese de, mülteci çocuklar, aynı işi yapan yetişkinlerin neredeyse yarısı kadar para karşılığı kayıt dışı işlerde çalıştırılıyorlar.

Dünyanın batısı 21. yüzyıl yetkinliklerini tanımlarken, dünyanın doğusunda çocuklara kıyılıyor. Bir sarkacın iki ucunda gidip geliyoruz.

ÇOCUKLARA KIYMAYIN EFENDİLER!

Fotoğraf sanatçısı Osman Sağırlı'nın 2014 Aralık'ında Suriye'deki Atma Mülteci Kampı'nda fotoğrafını çektiği dört yaşındaki Hüda, makinenin tele lensini görünce silah sanarak ellerini kaldırır...

Geçenlerde beni biraz coşkulu gören oğlum şöyle dedi: "Anne, içindeki çocuğu koruduğun için çok seviniyorum." Halbuki esas mesele Ali'nin içindeki çocuğu deforme etmeden koruyabilmek. Zira bizim memlekette bir çocuğun çocuk halini koruyabilmek, kırkına gelmiş birinin içindeki çocuğu korumasından daha meşakkatli hale geldi.

Bana kalırsa dünya uzun süredir Ali ve akranlarının kuşağını bekliyordu. Epeydir ihtiyaç olunan yaratıcılık, ifade özgürlüğü, empati ve bilişsel esneklik gibi kavramları hatırlatmak için tam da böyle bir jenerasyon lazımdı. İşte o kuşak geliyor gelmesine de, söz konusu bizim coğrafya ise önce onları yaşatmamız gerekiyor. Önce yaşatalım, sonra da bırakalım bir süre çocuk kalsınlar ya da Nâzım Usta'nın sözcükleriyle, "Çocuklara kıymayın efendiler!"

Doğusundan batısına, kuzeyinden güneyine bilfiil ve tam gaz istismar ediliyor bu coğrafyada çocuklar. Çocukları rahat bırakın efendiler. Yetişkin mesajlarınıza özne yapmayın. Yetişkin masalarınıza meze yapmayın. Ne kadar inançlı olduğunuzu kanıtlamak için akıl baliğ olmamış çocuğunuzun ibadet eden fotoğraflarını sosyal medya hesabınızda servis etmeyin. O minicik parmaklara kendinize ait bir ideolojinin selamını verdirmeyin. Kendi gerçekleşmemiş hayallerinize çakma kahraman yapmayın onları. Bale kurslarından drama derslerine, oradan da çıkıp seviyesiz tespitlere sürüklemeyin çocukları efendiler!

Okullar çocuklara sanatı, teknolojiyi, bilimi, edebiyatı sevdirsin ve o çocukların yetenekleri yeni nesil medya patronlarının bol ışıklı stüdyolarında jüri marifetiyle 15 dakikalık şöhrete devşirilmesin. O minik yüreklere simsiyah tohumlar ekilmesin. Kardeşi kardeşe kırdıran öfkeyi, faşizmi çocuklar öğrenmesin. Kindar nesil yetiştirmeyin efendiler!

Çocukların başlarına gelecek en fena şey terli terli su içmek olsun. Minik bedenleri derindondurucuda saklanmasın, kıyıya vurmasın, çuvalda taşınmasın. Evlerine havan topu düşmesin. Ve kalbim parçalanarak istirham ederim sizlerden, vicdansız bombalarınız patlamasın; vücut bütünlükleri zarar görmesin. Çocuklar ölmesin, maça gitsin. Ama şehit çocuğu olduğu için büyük amcalarla maça gitmesin. Çocukların babalarıyla maç izleme haklarını ellerinden almayın. Ve ekmek alıp evlerine dönebilsinler. "Süper nesil yetiştireceğiz" diye yola çıkıp, çocukları istismar etmeyin efendiler! Çocuktan gelin olur mu? İster pedofili deyin, ister çocuk evliliği, Türkiye'de her üç evlilikten birinde çocuklar kurban veriliyor. Çocukların bayramı olan yegâne memlekette Nisan ayının 23'ü tüm yurtta, kardeş ülkede ve dış temsilciliklerde coşkuyla kutlanırken, Türkiye'de çocuk işçi sayısı milyonları geçiyor. Çocukları işçi yapıp çalıştırmayın; çocukları asker yapıp savaştırmayın. Çocuklar yurtsuz olmasın efendiler! Oğlumun hem akranı hem adaşı, Suriye'deki savaştan kaçıp Türkiye'ye gelen ve sokakta su satarak yaşamaya çalışan Ali, gazeteci abla ona, "Hayalin var mı?" diye sorduğunda, "Hayalim yok," demesin. "Çocuğun gördüğü düştür barış," demiş ya Ritsos, çocukların hayallerine kıymayın efendiler!

Yılda bir kez, onları on dakikalığına oturttuğunuz sembolik makam koltuklarında, çocuklara ezberletilen metinleri değil de kalplerinden geçenleri dinlemeye cesaret edin efendiler! Yılda bir kez, bir günlük de olsa, sizin çocuklara koltuklarınızı ödünç vermenizi değil de, onların size kalplerini ödünç vermelerini ne çok isterdim.

"Bir günlük de olsa öğrensin dünya arkadaşlığı..."

Nâzım Hikmet

Z KUŞAĞINA HAZIR MIYDIK?

Hayatın en önemli dönemi üniversite çalışmaları değil, doğumdan altı yaşa kadar olan süredir. Çünkü bu, bir çocuğun gelecekte olacağı yetişkini inşa ettiği dönemdir. Sadece zekâ değil, insanın bütün mümkün becerileri bu dönemde oluşur. Hiçbir yaşta çocuk, zekice bir yardıma, bu dönemde olduğu kadar ihtiyaç duymaz."

Maria Montessori

McKinsey Global Institute'un projeksiyonlarına göre yapay zekâ 2030 yılına geldiğimizde 800 milyon çalışanın işini devralacak. 2030 yılına geldiğimizde 21,1 milyon çalışanın mevcut mesleğine devam ederken yeni yetkinlikler geliştirmek zorunda olacağı, 5,6 milyon çalışanın ise mevcut mesleğinde farklı roller geliştirerek rolünü değiştireceği öngörülüyor. Dördüncü Sanayi Devrimi'nin hayatımıza getirdikleriyle bu yeni çağda ayakta kalabilmek için yepyeni bir yetkinlik setine ihtiyacımız olacak. Bu çağın gerçek sahipleri çocuklarımızı, evlerimizde ve okullarımızda çağın gereklerine uygun biçimde donatabiliyor muyuz? Bir başka deyişle, Z kuşağı bu çağa hazır da, biz Z kuşağına hazır mıydık?

Dünya Ekonomik Forumu "İşlerin Geleceği" raporunda 2025 yetkinlikleri içinde önceki beş yılda olduğu gibi hâlâ önemli olacak becerilerin yanı sıra, evvelce üzerinde çok durmadığımız yeni yetkinliklerden de haberdar etti bizleri. Bunlardan biri (ve bir ebeveyn olarak benim için en kıymetlisi) yılmazlık, stres yönetimi ve esneklikti. Yeni dünyada başarılı olmak için en kritik yetkinliklerden biri olduğu ifade edilen ve kişinin belirli durumlara uyum sağlayabilmesi, bir düşünceden bir başka düşünceye geçme becerisi ya da değişik problemlere çok yönlü stratejilerle yaklaşma kapasitesi olarak ele alabileceğimiz bu becerilerin çocukluktan başlayarak gelişimi için evde ve kurumlarda ne yapıyoruz?

Önceki bölümlerde ele aldığımız küresel yetenek kıtlığı sorununu hatırlayalım. Manpower araştırmalarına göre dünya ortalamasının yüzde 69 olduğu yeteneksizlikte (yani kurumların ihtiyaç duydukları yeteneklere erişim güçlüğünde) ülkemiz dünya dördüncüsü.

Peki bireyleri çağın yetkinlikleriyle nerede ve ne zaman donatmaya başlayacağız? Üniversitede mi? Ya da şirkete girdiğinde alacağı eğitimlerde mi?

Dünya Ekonomik Forumu'nun her yıl yayımladığı Küresel İnsan Sermayesi raporunda 130 ülkenin insan kaynağına yaptığı yatırım beş kuşak ve dört boyutta inceleniyor.

Buna göre dünya insan kaynağının yüzde 62'sini geliştirebilmiş ya da bir diğer deyişle dünya insan kaynağının yüzde 38'ini harcıyor. İnsan sermayesinin dört boyutu var:

- Kapasite: Ülkelerin formel eğitim yatırımı
- Gelişim: İşgücünün gelişimine yatırım
- Uzmanlık: Alan uzmanlığı
- Yayılım: Okulda öğrendiğini iş yaşamına transfer edebilme

Türkiye bu indekste 130 ülke içinde 75. sırada ve en zayıf boyutlarımız uzmanlık ve yayılım. Yani müthiş binalar yapsak ve o binaları yüksek teknolojili oyuncaklarla donatsak da, çağa uygun bilgiyi verme ve gerçek yaşama transfer etme konusunda yaya kalıyoruz.

Soruyu tekrarlayalım: Bireyleri çağın yetkinlikleriyle nerede ve ne zaman donatmaya başlayacağız? Üniversitede mi? Şirket eğitimlerinde mi? İkisi de çok geç. Çocuklarımızın 21. yüzyıl yetkinliklerine hazırlanmaya yükseköğrenim öncesinde, hatta okul öncesinde başlaması gerekiyor. Peki ülkemizde yükseköğrenim öncesi eğitimin durumu nasıl?

"Bir Bakışta Eğitim: OECD Göstergeleri 2021" raporuna göre Türkiye'de, özellikle Z kuşağından küçük çocuklarda eğitime erişim ve katılım oranı hâlâ düşük. Üç yaşındaki çocukların yalnızca yüzde 11'i Türkiye'de erken çocukluk ve ilköğretim öncesi eğitime kaydolmakta ve bu oran da yüzde 77'lik OECD ortalamasının oldukça altında. Erken çocukluk eğitimi, çoğu OECD ülkesinde beş yaşın altındaki çocuklar için oldukça yaygın olsa da, Türkiye'de küçük çocukların erken çocukluk eğitimine olan kayıt oranları dört yaş çocukları için de çok yaygın değil: Yüzde 90'lık OECD oranıyla karşılaştırıldığında Türkiye'de ilköğretim öncesi eğitime kayıt oranı yüzde 40. Ayrıca, Türkiye OECD ülkeleri arasında kamu ve özel kurumlardaki sınıf mevcudu konusunda en büyük farklılığa sahip olan ülke.

Türkiye'deki bir milyon öğretmenin demografik yapısını da göz ardı etmemek gerekiyor. Z kuşağımıza dokunan, değişen dünyaya ve değişen öğrenme stillerine hızla cevap vermesi gereken öğretmenlerimizin yüzde 61'i Y kuşağı, yüzde 31'i X kuşağı ve yüzde 8'i de bebek bombardımanı kuşağından.

OECD tarafından yapılan ve üç yılda bir 15 yaş grubundaki öğrencilerin bilgi ve becerilerini değerlendiren meşhur PISA (Uluslararası Öğrenci Değerlendirme Programı) araştırmasının sonuncusunda, Türkiye'deki öğrencilerin matematik başarı ortalaması OECD ülkeleri ortalamasının altında kaldı. Bu alanda Birleşik Arap Krallığı, Uruguay, Trinidad ve Tobago gibi ülkelerle benzerlik gösteriyoruz dersem daha açıklayıcı olabilir. PISA sonuçlarına göre Türkiye'deki en önemli eksik ise "okuduğunu anlama" becerisi. Zaten kitap okuma eylemine ülkece günde ortalama bir dakika ayırdığımızı düşünürsek buna şaşırmayız. (Yeri gelmişken, şunu da belirtelim: Çocuklara kitap hediye edilmesi sıralamasında 180 ülke içerisinde 140.

sıradayız.) Çocuğunun önce mutlu, sonra başarılı olmasını önemseyen bir anne ve bir kuşak araştırmacısı olarak söylemeden geçemeyeceğim; PISA'nın en ilgilendiğim tarafı öğrencilerin hayatlarından memnuniyetini ölçen boyutu. Ülkemiz bu alanda da son sırada yer alıyor.

Tüm bu şartlar altında, müfredat ve eğitici merkezli geleneksel öğrenme modellerinden öğrenci merkezli olmaya geçişimiz ne kadar zaman alacak bilmiyorum. Ancak Y jenerasyonunun meydan okuduğu geleneksel kavrayışların, Z kuşağının yepyeni talepleri yükseltmesine yol açacağı bir gerçek. Bebek bombardımanı döneminin "üretici merkezliliği", X kuşağı döneminin "ürün merkezliliği", Y kuşağı döneminin "tüketici merkezliliği"nden sonra şimdi Z kuşağıyla "bağlam merkezli" dönemin başladığı ortada.

Bağlam merkezlilik, eğitimden iş yaşamına varan süreçlerde hayatı nasıl etkileyecek? Fikrimce, müdürler, öğretmenler, fikir liderleri, markalar, şirketler vb. sahnedeki bilge kişilik olmaktan vazgeçmek ve "kolaylaştırıcı" bir rehber olma kimliği kazanmak zorunda kalacak ve bağlamı iyileştirme rolü olan birer "küratör" olmayı seçmek durumunda olacaklar. Bir başka deyişle, 19. yüzyılın reaktifliği, 20. yüzyılın proaktifliği, 21. yüzyılın bu döneminde yerini "koaktif"liğe bırakacak. Yani eğitimden tüketime, üretimden iletişime her süreçte hegemonyanın ezberleri bozulacak ve fark yaratmaya değil de birlikte değer yaratmaya odaklanılacak. Daha yaratıcı, daha sahici, daha uyumlu bir dönem böyle inşa olacak. Z kuşağının ergin bireyler haline geleceği yakın gelecekte sadeleşme, sürdürülebilirlik, girişimcilik ve sivil toplum inisiyatiflerinin değer kazanacağını, doğa dostu ürünler, barışçıl bir dil ve yaratıcı zekânın her zamankinden daha kıymetli olacağını düşünüyorum.

Z KUŞAĞI İÇİN TERSYÜZ EDİLMİŞ ÖĞRENME

"21. yüzyılın cahili okuyup yazamayanlar değil, öğrenemeyen, eskiden öğrendiklerini unutamayan ve yeniden öğrenemeyenler olacaktır."

Alvin Toffler

21. yüzyılın başlarında, kurumların öğrenme ve gelişim fonksiyonlarında en büyük mücadelenin geleneksel kavrayışlara başkaldırabilmek ve özyönetimli öğrenmeyi cesaretlendirmek olacağını düşünüyorum. Bu, okullarda da iş yaşamında da kendini çoktan gerçekleştirmiş bir kehanet. Kendi içeriklerini yaratma fırsatı isteyen ve bu sebeple artık sunduklarımızın tüketicisi değil türeticisi olmayı talep eden yepyeni bir kuşak yetişiyor. Türeticiler, çünkü kendi ürettikleri içeriği tüketmek istiyorlar. Tam da bu sebeple içerik kadar bağlama da odaklanmak, yani ürün kadar ortama da önem vermek, işbirliğini, deneyselliği desteklemek ve eskimişi bırakmak gerekiyor.

Bu çağda "Ne?" sorusunu sormak yeterli değil. "Neden?" sorusuna alışmamız gerekiyor, çünkü milenyum çağı çocukları "Ne?" değil, "Neden?" sorusunu soruyor. Önceki nesillerin öğrenme hayatında yanıtlaması gereken "Ne?" sorusunda motivasyon "mantık"tı.

Kitaplar, testler, sunumlar önemliydi. Yeni çağın bağlam bazlı öğrenmesinde ise soru "Neden?" ve burada motivasyon "duygu." Bu sorunun olduğu öğrenme ortamında basılı materyalin yerini topluluk, amaç ve tutku alıyor. İşte tersyüz edilmiş öğrenme (*flip-ped learning*) derken kastımız da tam olarak bu.

Tersyüz edilmiş öğrenme modelini ilk kez ABD'de Colorado eyaletinde, iki lise öğretmeni 2007 yılında başlatıyor. Okulda ciddi manada yüksek olan eğitimi yarım bırakma, okuldan ayrılma oranları bu modele geçildikten sonra düşüyor; disiplin cezaları yarı yarıya azalıyor.

Geleneksel yöntemde öğrenciler ve öğretmenler okula gelir, öğretmenler öğretir, öğrenciler öğrenir. Temel yaklaşım da "öğrenci okulda öğrenir" yaklaşımıdır. Öğretmen derste öğretir ve sonrasında da ödev verir. Böylece bu klasik eğitim yönteminde eleştirel düşünceye zaman kalmaz. Klasik liderlik anlayışında da durum farklı değildir.

Tersyüz edilmiş öğrenme modelinde ise öğretmen artık sahnedeki bilge kişi değil, kenardaki rehber. Bu modelde, öğretmen dijital teknolojiler aracılığıyla ders notlarını önceden öğrencilerle paylaşır. Öğrenci derse bu notlar üzerinde ön çalışma yaparak, sorularını hazırlayarak gelir. Böylelikle Y ve Z kuşakları için çok önemli olan geribildirime zaman kalır. Öğrencilerin daha çok sorumluluk alacakları bir ortam oluşur ve çağın en önemli ihtiyaçlarından olan özyönetimlilik için erken dönemlerde alıştırma yapmaya başlanır.

Yeni çağın ihtiyacı olan otonom, filtreleyen ve odaklanan, değişimi kucaklayan, mükemmel işbirliği becerileri olan ve yaşam boyu öğrenmeyi öğrenen bireylere de ancak ve ancak tüm geleneksel yöntemleri tersyüz ederek erişebileceğiz.

ÇOCUKLARIMIZI İNCİTEN ŞEYLER

"Çocukluk sonsuzluktur. İnsanın bütün yaşlarıdır. Yaşama gücünün tükenmez hazinesidir. Bütün zamanlarda, bütün acılarda ve sevinçlerde, geriye dönüp yeni hayat bilgileri edindiğimiz, yaşama gücü bulduğumuz, kendimizi sevdiğimiz, başkalarını anlamanın kapısını araladığımız sonsuz okuludur dünyanın."

Şükrü Erbaş

Geçtiğimiz günlerde, halen 6. sınıfa giden oğlum Ali'nin okul müdüründen bir mektup aldım. Çocuklarımızı inciten şeylere dair bir makale okumuş ve tüm ebeveynlerle paylaşmak istemiş. Yeri gelmişken vurgulamak istiyorum; müdire hanımdan Whatsapp mesajı veya e-posta değil; bildiğiniz mektup geldi; elyazısıyla yazılmış bir mektup... Ekinde de bahse konu makale. Sanırım mesajını dijital ortamda ulaştırsaydı ailecek bu kadar uzun zaman ayırıp hepimiz tek tek makaleyi okumaz ve üzerinde de uzun uzun konuşmazdık.

Makale, *iGen* kitabının yazarı olan ve 25 yıldır kuşak araştırmaları yapan Dr. Jean Twenge ile CNN'in yaptığı bir mülakatı anlatarak başlıyor. Twenge, 2011-2012 yıllarında yeni nesil araştırmalarında karşılaştığı bulguların ilk kez onu korkuttuğunu anlatıyor. Bu yıllar, iPhone satışlarının yüzde 50 artış gösterdiği dönemler. Twenge'e göre klinik depresyon seviyelerinde de bu yıllarda artış yaşanmaya başlıyor. Bu yıllarda çocuklar kendilerini ilk kez umutsuz, üzgün, işe yaramaz hissettiklerini paylaşmaya başlıyorlar. Makale özetle şunu söylüyor: Şu anda evlerimizde sessiz bir trajedi gerçekleşiyor. Bugünün çocukları sağlıklı bir çocukluğun temeli olan şu unsurlardan yoksunlar:

- Duygusal olarak erişilebilir ebeveynler
- Net biçimde tanımlanmış sınırlar
- Sorumluluklar
- Dengeli beslenme ve yeterli uyku
- Hareket etme ve ev dışı etkinlikler
- Yaratıcı oyunlar, sosyal etkileşim, yapılandırılmamış saatler ve sıkılma fırsatı (Evet çocuklar için sıkılmak bir fırsattır ki yaratıcılıkları gelişsin. Bırakınız sıkılsınlar efendim; Ali de ekseriyetle sıkılır, ama kimi zaman o sıkılmalardan iyi fikirler çıkar.)

Bu unsurlar yerine çocuklarımızın şu tip gerçekleri var:

- Dijital olarak dikkatleri bölünmüş ebeveynler
- Çocuklarının dünyayı yönetmesine izin veren aşırı müsamahakâr ebeveynler
- Sorumluluk yerine "her şeye hakkım var" hissi
- Yetersiz uyku ve dengesiz beslenme
- Oturularak geçirilen bina içi yaşam
- Sonsuz uyaranlar, anlık tatminler

Makale, tüm bu dezavantajlarla başa çıkabilmek için çözümler de öneriyor:

- Akıllı telefonlar olmadan önce ne yaptığımızı hatırlayın; çocuklarınızla oyun oynayın.

- Akşam yemeği sohbetlerini ihmal etmeyin. Yemek masasından telefonları kaldırın; yemek esnasında televizyonu kapatın.
- Çocuklarınıza günlük ev işi sorumlulukları verin: masa kurmak, yatak toplamak, bulaşık yıkamak gibi. Sorumluluk özdeğeri artırır.
- Abur cuburu azaltın, meyve sebzeyi artırın.
- Kendi kendilerine oyun kurmalarına, kendi başlarına (dijital olmayan) oyunlar oynamalarına izin verin.

Söylemesi kolay, uygulaması –bu telaşlı yaşamda– kolay değil belki, ama mümkün. Bugün, çağa direnin, dijitale ara verin ve çocuklarınızla analog olun. Çünkü çocukluk sonsuzluktur. İnsanın bütün yaşlarıdır. Yaşama gücünün tükenmez hazinesidir.

DÜRÜSTLÜK KANTİNİ

"Hayat ne kadar inatçı; tam en çok nefret edildiği anda insana sıkı sıkıya yapışıyor."

Mary Shelley

Hayat bu coğrafyada hayli zalim nicedir. Nicedir kelimenin hem gerçek hem de mecaz anlamıyla karanlığa uyanır olduk. Sabahın karanlığında çıktığımız evlerimize dönüş yolunu bulabilmek için Hansel'in ekmek kırıntıları gibi hayat kırıntıları döküyoruz yollara; çünkü bu coğrafyada eve dönmek bir ihtimal halini aldı şimdilerde. Enseyi karartmamaya çabalarken var gücümüzle bir "hayat kanıtı" arıyoruz nicedir.

İşte o kanıt Eskişehir'den çıkageldi geçenlerde: "Dürüstlük kantini". Eskişehir Mihalgazi Ortaokulu'nda, haftada iki gün dürüstlük kantini diye bir uygulama gerçekleşiyor. Dürüstlük kantininde kasada görevli yok. Öğrenciler istedikleri ürünleri alıp ücretini kasaya kendileri bırakıyor, para üstünü kendileri alıyorlar. Okul müdürü ve öğretmenler kasanın hiçbir zaman eksiye düşmediğini, aksine çoğunlukla fazla para çıktığını söylüyorlar. Herhangi bir kontrol mekanizması kullanılmıyor; adaleti çocukların vicdanları ve değerleri sağlıyor.

Yetişkinlerden yana ümidimizin azaldığı bugünlerde, şu kuşağın yaptığına bakınız. Yalanın, dolanın, talanın, riyanın epey prim yaptığı yetişkin dünyasında, çocukların dürüstlük kantininin kasası hiç açık vermiyor. Bu da yetmezmiş gibi, kasalarından fazla para çıkıyor; çünkü bazı çocuklar para üstü almayarak dürüstlüğün kârlılığına da katkıda bulunuyor.

Çirkinliğin yerin yedi kat dibine sirayet ettiği böyle bir dönemde dünyayı güzellik kurtaracaksa, bunu yapsa yapsa ezbere bilgilerle boğulan değil, yaşamsal değerlerle donanan çocuklar yapar. Büyüklere emeğin değerini öğretiyor çocuklar... Huzurun polisiye tedbirlerle değil insani değerlerle sağlanabileceğinin dersini veriyor çocuklar.

Dürüstlük kantininden haftanın belirli günleri yetişkinlerin alışveriş yaptığını varsayalım. Bir denetim mekanizması ihtiyacının oluşması, bir başka deyişle bir kaosun ortaya çıkması için birkaç saat yeterli olur sanırım. İnsan düşünmeden edemiyor: Tam olarak ne zaman çocukluk değerleri ederinden eksiğe bozduruluyor? Tam olarak ne zaman bir çocuk dürüstlük kantiniyle alışverişi kesiyor? Tam olarak ne zaman bir bebekten bir katil yaratabiliyor karanlık ve bir çocuktan da bir hırsız?

24 milyondan fazla Z kuşağı var bu ülkede. En az 24 milyon temiz kalp, en az 24 milyon berrak zihin. Alın size bir hayat kanıtı: Ne zaman enseyi karartacak olsak, dürüstlük kantininin 24 milyon müşterisi olduğunu düşünelim. Düşünelim ki o an hayatın inadı artsın, hayat insana sıkı sıkıya yapışsın...